Pekka Pajunen

Various Artists
Vol 2

2014

© 2014

Kustantaja: BoD – Books on Demand, Helsinki, Suomi
Valmistaja: BoD – Books on Demand, Norderstedt, Saksa
ISBN: 978- 952-286-909-8

Sisällysluettelo:

ALUKSI..

Onkohan oikeilla kirjailijoilla samanlaisia ongelmia luomistyönsä kanssa joihin itse olen törmännyt? Ensimmäisen kirjani esipuheessa taisin uhota jotain siihen suuntaan, että kirjoittaisin näitä Various Artists-kirjoja ainakin 36-osaa kirjahyllyni koristeeksi. Nyt, vuoden taas vanhempana ja asian suhteen viisastuneempana pitää todeta, että ei tule onnistumaan. Realistina olenkin pudottanut tavoitettani hieman ja tällä hetkellä se on kolme kirjaa.

Kävi nimittäin niin, että jo tämän toisen kirjan syntyprosessi johti välillä sellaisiin epätoivon hetkiin, jolloin tuntui, että tämä touhu saa luvan loppua seuraavaan pisteeseen. Jotkut tarinoista ajautuivat sellaisiin umpikujiin, että saattoi mennä kaksikin viikkoa ilman, että niihin ilmestyi ensimmäistäkään lisäriviä. Tietoisuus siitä mitä suurinpiirtein piti seuraavaksi kertoa oli kyllä tavallisesti jossain määrin olemassa, mutta läheskään aina - eli yleensä - näin ei ollut. Koko prosessin sekavuudesta kertoo myös se, että juurikaan minkäänlaista täysin selvää käsikirjoitusta ei mielessäni ole koskaan ollut kun uutta biisitarinaa olen lähtenyt kuljettamaan.

Otsikko on aloitusvaiheessa selvä. Tottakai. Ilman sitähän ei tietäisi edes miten aloittaa. Samoin on selvillä määränpää, eli se juttu, mikä tekee mielestäni kustakin tarinasta kertomisen arvoisen ja mitä lähden kirjoittamalla hakemaan. Mutta se tie mitä pitkin sinne yritän päätyä on joskus tuhannen mutkan mittainen ja joka mutkan takaa saattaa odottaa uusi yllätys. Joskus se yllätys on

7

pistänyt jo kaiken aiemmin kirjoitetun kirjoituttamaan itsensä uusiksi. Tarina on saattanut silloin jo ensirivien jälkeen lähteä kulkemaan ihan eri suuntaan kuin mihin otsikko sen oli määrännyt matkaavan. Joskus se on johtanut jopa siihenkin, että otsikkoa on pitänyt muuttaa, kun valittu aihe on karannut koko ajan vaan kauemmaksi ja siinä sivussa alkanut hahmottua joksikin ihan muuksi.

Tekstin loputon hierominen alkaa väkisinkin jossain vaiheessa verottaa väsymyksen ohella sekä jäljellä olevia hermoriekaleita että yöunia. Kesken jääneen kirjoitussession jälkeen, illalla nukkumaan mennessä, mielessä pyörivät edelleen pisteet, pilkun paikat, kappalejaot, sanajärjestykset ja kaikki muut äidinkielen tunnilla opetetut asiat ihanassa epäjärjestyksessä. Tarinan kulkukin saattaa olla vielä hiukkasen hakusessa ja sekin pitäisi saada jotenkin sovitettua olemassa olevaan faktatietoon ja mahdollisesti vielä oikeaan aikajärjestykseenkin. Nekään eivät aina ole ihan selviä juttuja, kun lähdemateriaalissa törmää joskus ristiriitaiseen tai moniselitteen tietoon, mikä saattaa sekoittaa asioita entisestään.

Jos sattuu niin iloisesti käymäänkin, että ratkaisu johonkin ongelmaan yön tunteina löytyykin, niin takuulla se on aamulla jo tyystin unohtunut, eikä ongelma näin ollen ole kadonnut yhtään mihinkään. Sellaista se on. Päivästä tulee taas edellisen kaltainen.

Niin että onkohan oikeilla kirjailijoilla samoja ongelmia? Kyllä heillä on. Ainakin joillain, tiedän sen. Hieman outoja ja poissaoleviahan monet heistäkin ovat. Kuulin juuri viime viikolla kirjailijasta, joka oli oman arvionsa mukaan kirjoittanut kirjansa viisitoista kertaa uudestaan ennen kuin se oli kelvannut kustantajalle. Huh huh! Taidan pysyä näissä omakustanteissa.

Mutta! Kaikesta huolimatta, tässä se nyt kuitenkin on: Various Artists Vol 2. Olkaa hyvät! Skaala on taas laaja, musiikin kirjo sekalainen ja tarinat ehkä vielä sekalaisempia. Toivottavasti se kirjoitusten idea sieltä kuitenkin löytyy, vaikka välillä vähän mutkien kautta mennäänkin. Kaikkien maailman kappaleiden takana kun kuitenkin on paljon joitain muitakin juttuja kuin vain se pelkkä musiikki. Sen suurimmankin klassikon takanakin saattaa olla vielä suurempi tarina.

AKNESTIK – SUOMIROKKIA

(1998)

Nuoruus on nostalgiaa ja musiikki tuo muistoja mieleen. Siltä pohjalta kultaiselle 80-luvulle palaten Aknestik-yhtyeen Kai Latvalehto (s. 10.8 -67) ja Jukka Takalo (s. 20.6 -67) tekaisivat yhden vuoden 1998 radiohiteistä - Suomirokkia. Radiohitin biisistä teki nimenomaan se, että se alkoi soida radiossa jatkuvasti ja sopi kutakuinkin kaikkien musiikillista keskitietä kulkevien radiokanavien soittolistalle. Ja kyllä sitä soitettiinkin. Lapsien kohdalla ehkä tämä Teletappien lanseeraama huudahdus "Uudestaan!" vielä toimiikin, mutta että sitä pitää pakkosyöttää vielä aikuisille ihmisillekin. Kertaus on opintojen äiti, niin sanotaan, mutta silti liika on liikaa. Monesti olen työpaikallakin kuullut kirottavan näitä jatkuvasti samoja biisejä soittavia radiokanavia. Vaan silti, jostain ihmeen syystä, nämä samat ihmiset aina vaan radion samalle taajuudelle kääntävät. Jos ehdottaa kanavan vaihtoa, niin ei käy, kun "Täältä tulee parasta musiikkia" sanovat. En ymmärrä.

Suomirokkia-biisin kohdallakin kävi se ihan sama, liialla toistamisella saavutettu juttu, mikä ei varmastikaan ollut sen tarkoitus . Ne kanavat, jotka sitä soittivat, polttivat sinänsä ihan ok biisin samantien loppuun liialla luukuttamisella. Alkuun kappale alkoi ärsyttämään ja jossain vaiheessa se muuttui vain pelkäksi ilmaksi, ohjelmavirraksi. Ne soittolistat, ne soittolistat...

Vaikka kappale väkisin taottiinkin kaikkien suomalaisten kalloon, ei sen vaikutus siltikään ollut ihan levy-yhtiön toivoma. Poko Rekords oli lähes epätoivoisesti ajanut Aknestikia läpi jo neljän levyllisen verran, mutta juurikaan mitään mainittavaa ei ollut tapahtunut. Monet kappaleista olivat olleet pieniä radiohittejä, mutta vaikka laulut olivatkin tuttuja, niin silti niiden esittäjää ei moni edes tiennyt. Keikoille eksyneetkin ihmettelivät ilmiötä, etteivät olleet ikinä kuulleetkaan Aknestik-nimisestä orkesterista, mutta silti tunsivat lähes kaikki keikalla esitetyt biisit ja monia osasivat laulaa jopa mukana. Ai tää on tää bändi, moni varmaan ajatteli.

Aknestik-yhtye oli kotoisin Haukiputaalta. Pienestä, alle kahdenkymmenentuhannen asukkaan kunnasta Oulun pohjoispuolelta. Vuoden 2013 kuntaliitoksessa Haukipudas yhdistyi Ouluun muutaman muun lähikunnan kanssa. Liitos teki Oulusta asukasluvultaan maamme viidenneksi suurimman kaupungin.

Mutta vielä silloin kun 80-luvulla Aknestikin kundit Haukiputaalla asustelivat oli se pienehkö maalaispitäjä, jonka kesät muodostuivat varmaankin pitkälti niistä elementeistä, joista Suomirokkia biisin alussa kerrotaan.

Laulun alkuun maalataan visio suomalaisesta keskikesäisestä maaseutuidyllistä. On kesä, ilmeisesti yö - pohjolan yö - koska valonhäivä luo seudulle vielä hämyään. Aurinko on vielä ylhäällä, matalalla, jossain puiden takana. Linnut laulavat, puut tuoksuvat, heinä haisee. Rauhan rikkoo kuitenkin maantieltä kuuluva moottorin ääni. Joku ajaa pitkin kylänraittia auton ikkunat auki ja soittaa musiikkia. Ja soittaa lujaa. Hetken perästä mutkan takaa kuvaan ajaa Lada. Se kaartaa laskevassa auringossa kohti kirkonkylää jättäen jälkeensä kultaisen pölypilven. Stereoissa soivat aikauden hitit joita kuljettaja laulaa mukana. Suurella tunteella, tottakai. Molemmat kädet puristavat tiukasti rattia, sillä sen aikaisissa Ladoissa ei ollut ohjaustehostinta laisinkaan. Jos vauhtia täytyi hidastaa, tai vaikka pysäköidessä, piti rattiin tarttua lähes painiotteella saadakseen pyörät kääntymään. Paljon ajavilla ladakuskeilla oli varmaankin isommat käsivarsilihakset.

70-luvulla ja vielä 80-luvun alkupuolellakin Lada oli maamme myydyin auto, joita varmasti riitti kaikille tieosuuksille. Ladalle naurettiin jo silloin, mutta sen hinta, kylmäkäynnistyvyyskyky ja korkea maavara tekivät siitä perin soveliaan kulkuneuvon suomalaisiin oloihin. 90-luvun alkupuolella, Neuvostoliiton hajoamisen jälkeen, Ladoja alettiin roudata takaisin itärajan taakse, kun sikäläiset nostalgikot alkoivat haalia niitä takaisin isiensä maille. Suhteellisen nopeasti ne Suomen katukavasta hävisivätkin. Puhutaan jopa tapauksista, joissa venäläiset olisivat maksaneet hyväkuntoisista autoista enemmän kuin niiden hinta oli alunperinkään ollut. Myös jo rekisteristä poistetut ja ruostuneet Ladat kelpasivat "naapurin miehille". Moni nettosi suureksi hämmästyksekseen mukavan tilin pihan perälle jääneestä rautakasasta.

Totuus löytyi kaurapuurosta, väitti Suomirokkia-laulun sanoittaja Jukka Takalo. Tuosta perussuomalaisesta perusaamiaisesta. Mitä hittoa? Pakottiko Jukan äiti pikku-Jukkaa syömään puuroa joka aamu väittäen, että muuten ei jaksa? Vai oliko pohjoissuomalaisesta viljapellosta idätetty ihan oikeasti totuuden siemen? Mahdollisesti ei kumpikaan, sillä eiköhän kyseessähän ollut laulu, joka tuli kaiken kansan tuntemaksi Elovena-kaurapuuromainoksesta. Alunperin biisi oli kuitenkin Lama-yhtyeen räävitön punk-esitys, josta tuli sittemmin suomalaisen rockin klassikko. Kyllä, luitte oikein, klassikko. Se nousi vuonna 2012 Ylen Radio Suomen järjestämässä Suomipunk-äänestyksessä sijalle kolme. Edelle kiilasivat vain Pelle Miljoona Väkivallalla Ja Päihdeongelmillaan sekä Ratsian Lontoon Skidit.

Mainosta varten tehty coveri kaurapuuro-biisistä oli melkoinen pohjanoteeraus musiikillisesti. Eihän se Laman alkuperäinenkään monen mielestä mitään musiikkia ollut, mutta se olikin punkkia, eikä sen tarvinnut sen kummempaa ollakaan. Kunhan asenne oli kunnossa. Myöhemmin Laman kundit kielsivät kappaleen esittämisen mainoksessa, mutta monen mieleen kappale jäi ikuisesti soimaan nimenomaan tuosta mainoksesta. Tosiasiassa aika moni luulikin, että ensin oli tuo mainos ja vasta sitten Lama tuli ja raiskasi sen "hauskan mainosbiisin". Vaikka totuus olikin toisinpäin.

Kappaleen päätyminen mainokseen on hieman avoin tarina, sillä ilmeisesti laulun säveltäjä/sanoittaja Epe Grönholm ei ollut edes antanut Elovenalle / Raisio Konsernille lupaa biisin käyttöön, sillä hän on myöhemmin maininnut Hesarin haastattelussa, ettei antaisi ikinä Laman biisejä mainoksiin käytettäviksi. Tosin mainoksesta kertyneet teostokorvaukset hän olisi mieluusti kelpuuttanut. Kenelleköhän ne sitten menivät, jos eivät hänelle?

Sanoituksellisesti Totuus Löytyy Kaurapuurosta on selvä innoituksen lähde Suomirokkia-biisille. Kaurapuurossa lauletaan ja luetellaan asioita joista totuus löytyy ja joista se ei löydy. Anarkistisen punkhengen mukaisesti se ei esimerkiksi löydy maidosta, talkkarin muijasta, naapurin villakoirasta, humpasta, tangosta, kauppaopistosta, teryleenihousuista, ydinsodasta, kateudesta eikä vihasta. Toisaalta saman hengen vastaisesti Lama laulaa, ettei totuus löydy myöskään hakaneulasta poskesta, Koskenkorvasta eikä edes A-kaljasta. Ehkä jälkimmäiset olivat jonkinlainen hyökkäys ns. muotipunkkareita vastaan, joiden mielestä punk oli vain siisti juttu ja koostui edellä mainituista asioista. Olihan se (ja onhan se edelleenkin) paljon muutakin.

Seuraavaksi Aknestik mainitsee vuoden 1980 kulttuuriteon, Rockradion. Kaurapuuron jälkeen totuuden kerrottiin löytyvän siitä. Ja kyllähän Rockradiota silloin tarkkaan tuli kuunneltuakin.

Rockradion synty oli pitkällisen taistelun tulos. Sen aikaisessa Suomessa rokki radiossa oli kortilla. Jossain suuressa radiotutkimuksessa oltiin kuitenkin todettu, että nuoriso oli kaikkoamassa radion parista. Puoli tuntia nuorisomusiikkia silloin tällöin ei riittänyt tyydyttämään kasvuikäisten musiikkinälkää. Niinpä homma päätettiin keskittää yhtenäiseen ohjelmaan ja kiinteään lähetysaikaan. Yleisradion rinnakkaisohjelmassa alettiin lähettää arkipäivisin kolmena päivänä viikossa pari tuntia kerrallaan parhaaseen kuunteluaikaan rock-musiikkia. Ennen kuulumatonta. Musiikki oli kulloinkin juontavan toimittajan valitsemaa, mikä teki tarjonnastakin aika monipuolista. Tosin uutuuksia kuuli tietysti useammin, mikä oli tietysti ihan luonnollistakin. Myös toimittajien musiikkimaku tuli pian selväksi. Mieleeni on jäänyt esimerkiksi Juha Tynkkysen antipatia Motorheadia kohtaan, kun taas Holle Holopainen tuntui suorastaan rakastavan kyseistä orkesteria. Jake Nyman taas ei tykännyt punkista ja uusi kyky Tero Liete taisi olla ensimmäinen, jonka kuulin soittavan Springsteeniä radiossa. Olisikohan ollut Candy's Room se kappale? Jukka Haarma maiskutti puhuessaan, mutta soitti hyvää musiiikkia ja Juhani Kansi palvoi Bowieta ja Curea.

Vaikka soittolistat eivät vielä silloin olleetkaan käytössä, niin silti mieleeni on jäänyt samana keväänä rockin Suomen mestaruuden voittaneen Hassisen Koneen Muoviruusuja Omenapuissa, jota kyllä aika ahkerasti veivattiin. Yhtye ei ollut silloin vielä levyttänyt, joten kyseessä taisi olla live-esitys ehkä juuri noista SM-kisoista. Saman vuoden elokuussahan julkaistiin myös "Koneen" ensiälppäri Täältä Tullaan Venäjä, jonka aloitusraidasta syntyikin sitten melkoinen soppa. Rappion ylistystä? Rockradiokin oli heti puritanistien hampaissa. Hyvä näin, sillä vielä siihen aikaan rokkikin oli joidenkin piirien mielestä paheksuttavaa. Mutta meille joillekin se oli ihan must.

Kolmas asia, mistä Aknestik kertoo totuuden löytyneen oli Tupla-Uuno. Uuno Turhapuro oli kova sana Haukiputaallakin. Rockradion jälkeen mainittu Tupla-Uuno vie kuulijan hieman eteenpäin 80-lukua, nimittäin vuoteen 1988. Kyseessä oli kolmastoista Uuno Turhapuro-elokuva. Tupla-Uuno oli vuoden katsotuin elokuva ja saavutti teattereissa 320 889 katsojan rajapyykin. Millä tapaa totuus siitä löytyi, jää ainakin minulle hieman avonaiseksi, mutta kai siinä jotain oli. Onhan Uunosta ja Uunon suosiosta tehty joitain tutkielmiakin ja muistaakseni suosiota on ihmetelty jopa jossain väitöskirjassakin.

Samassa säkeessä mennään vielä urheilunkin puolelle ja törmätään Kaarlo Maaninkaaan. Mies, joka juoksi hopeaa yhdessä kaikkien aikojen urheilutrillereistä: Moskovan olympialaisten 10 000 metrin juoksussa. Tuolloin elettiin vuotta 1980. Lasse Virén, Kaarlo Maaninka ja kolme etiopialaista taistelivat mitaleista viimeisille kierroksille saakka. Vaikka Maaninka mitalin nappasikin, niin silti viidenneksi jäänyt Virén oli juoksun sankari. Hänen repivä ja riistävä taktiikkansa vei etiopialaisten kolmoisvoiton.

Juoksun viimeiset neljä kilometriä löytyvät Youtubesta ja tuo pätkä kannattaa ehdottomasti tsekata, mikäli on yhtään urheilukärpäsen puraisema. Vaikka tuloksen tietääkin on juoksun jännitys silti kestänyt ajan hampaan. Mohammed Kedir johti juoksua suurimman osan ajasta, mutta Lasse kävi vähän väliä rinnalla näyttäytymässä, jolloin Kedir taas joutui kiristämään. Välillä Lasse käväisi itsekin kärjessä, mutta etiopialainen ei siitä tykännyt, vaan joutui taas kiristämään. Loppukirissä takaa iski kuitenkin Miruts Yifter ja kiiti selvään voittoon, Viren hyytyi, mutta Maaninka, tuo valkea suomalainen, yllätti kaikki komealla kirillään tullen toisena maaliin. Uskomaton kilpailu jollaisia ei enää pitkillä matkoilla nähdä. Nykyään juostaan vaan jonossa ja ratkaisut tehdään vasta viimeisellä kierroksella. Moskovassa käytiin pudotuskilpailu, jossa kukaan kärkiviisikosta ei halunnut antaa periksi, eikä antanut. Lasse Virén teki valtavan työn juoksussa, vaikka varmasti itsekin tiesi, ettei hänelle itselleen tästä juoksusta mitalia heru. Mutta hän pisti silti kaiken peliin ja petasi periaatteessa juoksunsa Maaningalle.

Saavutettua hopeaa ehkä hieman himmentää Maaningan myöhemmin antama tunnustus, että hän oli käyttänyt juoksussa veritankkausta. Mitalia ei häneltä silti kukaan ota koskaan pois, sillä veritankkaus kiellettiin vasta 1985.

Maaningan menestys Moskovassa ei jäänyt pelkästään kympin hopeaan, vaan hän juoksi viidellä kilometrilläkin mitaleille, kolmanneksi. sama mies, Miruts Yifter, voitti myös vitosen. Virén ei ollut sillä matkalla mukana.

Maaningasta Mona Caritaan, eli urheilusta musiikkiin. Mutta luultavasti ulkomusiikilliset ansiot ovat tässä tapauksessa kuitenkin se tärkeämpi juttu. Eli se asia, mikä kirvoitti Jukka Takalonkin mainitsemaan Mona Caritan laulussaan.

Mona Carita oli nuori ja näppärän näköinen permanentattu brunette, joka pisti nuorten miesten ja miksei myös vähän vanhempienkin äijien päitä sekaisin. Levyjen kansissa ja Suosikin sivuilla kesäisissä asuissa ja uimapuvuissa keikistelevä neito muljautti aina jotain nuoren miehen vatsanpohjassa. Vuoden 1981 albumilla Nykyaikainen hänellä tuskin oli mitään yllään. Vaikka kannessa ei näkynytkään kuin kasvot ja vähän ihoa olkapäistä alaspäin, riitti se ja kuvan kostea look pistämään mielikuvituksen liikkeelle.

Mona Caritan ura perustui lähes kokonaan käännösiskelmiin, joista läpimurto tapahtui Boney M:n Rasputinilla. Muita merkittävimpiä olivat Soita Mulle (Blondie: Call Me), Fame-elokuvan saman nimisestä tunnarista tuli herkullinen suomennos: Me Emme Laske Viiteen (Irene Cara), Mikä Fiilis (Flashdance leffan tunnari, niin ikään Irene Cara), Jos Mua Pussaat (Then He Kissed Me), Anna, Kulta Anna (Ottawan Hands Up) Kaupungin Lapset (Kim Wilde: Kids In America) jne. Mona Carita teki neljä levyä (1979 - 83), jotka ovat ehdotonta kasaribileiden käyttökamaa siinä missä Meiju Suvaksenkin levyt.

Mona Carita lopetti laulajauransa yllättäen, meni naimisiin ja muutti Pohjois-Amerikkaan. Palasi sieltä kuitenkin takaisin päästyään opiskelemaan Jouko Turkan aikaiseen Teatterikorkeakouluun. Oli ilmeisen lahjakas näyttelijä, jota itse rehtorikin äityi joskus kehumaan. Hyvä hänen on täytynyt ollakin, sillä teatterikouluunhan on vuosittain satoja hakijoita. Jo pelkästään se, että tulee valituksi viidentoista hyväksytyn joukkoon kertoo aika paljon. Mona Caritan teatterikoulu jäi kuitenkin kesken jostain syystä. Ilmeisesti hän tuli raskaaksi kesken opintojensa (tai sitten jotain muuta), laittoi asiat tärkeysjärjestykseen ja päätti vetäytyä kokonaan kaikesta julkisuudesta. Mona Caritan tulevaisuudelle jättämä jalanjälki on kuitenkin osoittautunut yllättävän suureksi. Hänet tunnetaan (ainakin sellaisena kuin hän oli) ja muistetaan vieläkin, kappaleet soivat radioissa, levyjäkin kuulemma kysellään divareista tasaisesti ja jopa fanikantaa löytyy edelleen.

Seuraava hyppäys kappaleessa kuljettaa omakotitalon yläkertaan: seksiunelmia vinttihuoneessa. Viittaakohan tämäkin loogisesti ajatellen Mona Caritaan. Näin voisi ainakin loogisesti kuvitella. Jukka Takalo oli Mona Caritan huipulla olon ja levytysvuosien välillä noin 12 -16-vuotias. Ymmärrän.

Kertosäkeessä kelaillaan taas missä kaikkialla suomirock onkaan ollut oleellinen osa menneisyyttä. Rokkifestarit, tottakai. Haukiputaalta on varmasti matkustettu Oulun Kuusrockiin, joka eli 80-luvulla menestyksekkäimpiä vuosiaan. Heinäpellolla hikoillessa soi rinnakkaisohjelmalta kotimainen puolituntinen ja rock-radio ja maitolaiturilla kesäpäivinä kavereiden kanssa norkoillessa patterimankka soitti pikkuhiljaa mouaamaan alkavaa C-kasettia niin kauan kun vaan nauha jaksoi pyöriä.

Hieman intiimimpään kanssakäymiseen ja taas yhdellä elämänkokemuksella rikastumiseen viittaa kertosäkeen loppu, siinä ollaan päästy aiemmista unelmista jo vähän lähemmäs konkretiaa: "Suomirokkia meijän talossa, kynttilän valossa, sun huoneessa, mun vuoteessa". Ollaan tilanteessa, jossa asiat alkavat kulkea omalla painollaan. Yksi asia johtaa toiseen, toinen kolmanteen jne. Mitenkäs se Ratsia lauloikaan biisissä Ole Hyvä Nyt: "Tuu mun huoneeseen, tuu mun vuoteeseen, aluks vaik' vain istumaan..."

Ja sitten niitä kadonneita klassisia Suomirock-bändejä kyselemään. Ensin haikaillaan Kasevaa: Missä on Kaseva? Ei enää missään, mutta Tampereelta olivat kotoisin ja varmaan elelevät siellä vielä nykyisinkin. Yksi on kuitenkin joukosta poissa, sillä monien Kaseva-hittien säveltäjä Asko Raivio menehtyi jo 1989. Vaikka orkesteri suurta arvostusta nauttii edelleenkin manse-rock perinteessä, niin silti en millään pysty pistämään Kasevaa rock-nimikkeen alle. Eikä se kyllä rokkia ollutkaan. Mutta silti yhtyeellä oli lukuisia ikivihreitä, joita rock-piireissäkin paljon kuunneltiin. Ennemminkin Kasevan musiikki oli jostain folkin, kantrin, popin ja ehkä vielä jonkinlaisen kerronnallisen laulelmaperinteen lähteiltä lähtöisin. Oli siinä varmaan rahtunen rokkiakin, mutta vain rahtunen. Vaikea näitä bändien tyylisuuntia on yleensäkin kategorisoida, mutta joskus pitää sitäkin yrittää. Sitä paitsi eivät monet bändit siitä pidä itsekään, että ulkopuoliset tulevat ja alkavat karsinoimaan heidän musiikkiaan. Varsinkin ne bändit, jotka ovat mielestään keksineet jotain uutta ja ovat ihan oma juttunsa.

Kasevan musiikki oli sellaista suomaisiin vetoavaa melodista ja melankolista jotain, mitä oli helppo laulaa hiljaa mukana. Hidasta pohdintaa laulujen aiheista, usein ihmisistä, sellaisista maan hiljaisista, jotka helposti jäävät muilta huomaamatta. Alakulo on meihin kansana aina vedonnut ja varmasti on monet itkutkin itketty Kasevan levyjen soidessa. Hienoja biisejä yhtyeellä oli paljon, mutta isompana kuunteluprojektina niiden läpikäyminen olisi aika rankka urakka, Mutta yksittäisinä biiseinä Kaseva on iso kyllä!

Ajallisesti Kasevan musiikki vie huomattavasti pidemmälle kuin muut tähän astiset muistelot, 70-luvulle asti. Olemassa olonsa aikana vuosina 1974 - 82 Kaseva teki vain kolme albumia, joilta löytyy lukuisia klassikoita. Strip Tease Tanssija, Tyhjää, Mari, Pena, Kun Maailma Elää, Vanha Mies ja monia muita tuttuja, mutta vähemmän tunnettuja. Yllättävää silti, että kaikki eivät Kasevaa tunne. Vanhemmat kyllä muistavat, mutta vähän nuoremmilla on Kasevan kohdalla aukko levyhyllyssä. Kaverikin kysyi kerran Suomirokkia kappaleen soidessa, että mikä tämä Kaseva on minkä perään laulussa kysellään. Sanoin, että voin laulaa sulle joitain Kasevan biisejä ja sä tunnet niistä jokaisen. Lauloin sitten yhtä sävelkorkeutta käyttäen hänelle muutaman edellä mainituista ja kyllä hän ne tunsi. "Joo joo, kyllähän mä noi tunnen" se sanoi ja pyysi lopettamaan laulamisen.

Vaikka Kaseva hajosikin 1982 on se myöhemminkin muutamaan kertaan kasattu uudestaan yksittäisiä keikkoja ja pieniä kiertueita varten. Silloin harvoin, kun bändi on saatu tien päälle lähtemään, ovat konsertit yleensä olleet loppuunmyytyjä. Meno keikoilla on ollut kaikkea muuta kuin railakasta. Hurjaa lavashowta on ihan turha lähteä Kasevan keikoilta hakemaan. Televisiossakin useaan kertaan esitetty konsertti siitä taannoin kertoi omaa kieltään. Äijät seisovat lavalla rivissä naama vakavana soittaen kitaraa kutakuinkin samoilla jalansijoilla keikan alusta loppuun. Yleisössä pariskunnat toistensa kainaloissa nieleskelevät itkuaan vetisin silmin. Osa yleisöstä laulaa mukana, toiset vain seisovat hiljaa paikallaan, mutta silmin nähden täysin musiikissa mukana. Kasevan musiikki on ikuista ja jos eivät nämä laulut jollain tapaa kosketa on vika jossain, mutta bändistä sitä on turha etsiä.

Missä on Kollaa Kestää? Laatokan pohjoispuolella, siihen laskematta, virtaa Kollaanjoki. Sen rannoilla käytiin yksi talvisodan legendaarisimmista taisteluista. Yksi niistä, joista Neuvostoliitto mieluummin vaikeni, sillä Kollaalla puna-armeija koki mittavat tappiot. Luonnollisestikin sieltä on sanonta "Kollaa kestää" lähtöisin. Taistelut alkoivat marraskuun seitsemäs 1939, noin viikko talvisodan alkamisen jälkeen ja kestivät aina maaliskuun kolmanteentoista 1940 asti, eli sodan loppuun saakka. Suomalaiset pystyivät useita kertoja torjumaan neuvostoliittolaisten hyökkäykset, vaikka näillä oli huomattava miesylivoima. Kollaa kesti.

Mutta Suomirockista puhuttaessa on Kollaa Kestäällä ihan muu merkitys. Kyseessä oli Kasevan tapaan tamperelainen bändi, jota on joskus sanottu jopa Suomen kovimmaksi punk-bändiksi. Toisaalta sen on sanottu olleen myöskin Tampereen huonoin bändi. En tiedä kumpaa pitäisi uskoa, mutta luulisin,että jälkimmäinen imarteli Kollaa Kestäätä enemmän. Soittotaitoa ei kundeilla juurikaan ollut, mutta biisit olivat kertakaikkiaan loistavia. Bändin levytetty tuotanto on ratkiriemukas matka 70-80-lukujen taitteeseen, jolloin punk ja uusi aalto alkoivat tosissaan muokata vähän paikalleen jämähtänyttä musiikkimaailmaa mieleisekseen keskisormi pystyssä ja/tai kieli poskessa.

Koko Kollaa Kestään levytetty tuotanto löytyy yksien kansien välistä CD:ltä "Kollaa Kestää Kokonaan". Levyltä löytyy 26 biisiä ja mittaa sillä on 63 minuuttia ja 27 sekuntia. Tänä päivänä tällaisen soittotaidon omaavalle bändille ei varmaan tarjottaisi edes levytyssopimusta. Mutta jos siitä päättävällä levy-yhtiöhemmolla olisi yhtään korvaa näille kappaleille ja näille sävellyksille, niin hän ei kyllä päästäisi orkesteria käsistään. Sellaiset kappaleet kuten Kaupungin Valot, Kollaa Kestää Go-Go, Sotakoira Musti ja Kirjoituksia Kellarista ovat klassikkoja kaikki. Viimeksi mainittu pääsi jopa Jaakko Jahnukaisen aikaiseen levyraatiin tehden siellä historiaa. Lenita Airisto kieltäytyi antamasta sille yhtäkään pistettä. Vaikka Jaakko yritti lypsää edes yhtä pistettä, niin ei. Lenita pysyi kovana.

Kollaa Kestään lauluista epäilemättä tunnetuin on kuitenkin Liisa Tavin tunnetummaksi tekemä Jäähyväiset Aseille. Ei pidä kuitenkaan säikähtää, eikä tuomita Kollaa Kestäätä tämän faktan perusteella, sillä Liisan versio ei juurikaan ole verrattavissa alkuperäiseen. Vaikka kappaleen sanoma paremmin kansan korviin tällä esityksellä saatiinkiin, herätti Liisa Tavin olemus ja esitys suuressa yleisössä silti melkoisesti huvitusta, jopa aggressiivisuuttakin. Liisa Tavi esitti laulun yksin säestäen itseään akustisella kitaralla. Hippimäinen ulkoasu, vankka vasemmistolaisuustausta ja feministinen olemus loivat Liisasta ehkä vähän virheellisenkin kuvan, sillä muusikkona ja lauluntekijänä hän oli ihan vakavasti otettava tapaus. Suomen Joan Baeziksikin häntä joskus sanottiin. Omia levyjä Liisa teki kahdeksan kappaletta ja lisäksi hän lauloi 70-luvun loppupuolella taistolaisbändi Agit Propissa.

Liisakin muuten osallistui Levyraatiin vuonna 1979. Ei kuitenkaan Kollaan biisillä, vaan omalla ja Pekka Tegelmanin sävellyksellä Lasta Ei Saa Tukuttaa. Sanoituksen siihen oli tehnyt Pelle Miljoona. Kappale sai lähes täydet pisteet viideltä raatilaiselta, eli 46 pistettä.

Kollaa Kestään Alkuperäisestä kokoonpanosta laulava kitaristi, filosofian tohtori ja meribiologi Kai Kivi kuoli 2007. Samoin kävi kitaristi Juha Helmiselle keväällä 2013. Rumpali Jyrki Siukonen valmistui kuvataiteen tohtoriksi vuonna 2001. Lisäksi hän on pitänyt useita omia taidenäyttelyitä ja toiminut Taide-lehden päätoimittajana. Myöhempien aikojen basisti Mikko Nevalainen siirtyi Kollaa Kestään jälkeen kymmeneksi vuodeksi Eppu Normaaliin Mikko Saarelan erottua opiskelukiireiden takia. Nevalaisen myöhempien aikojen tekemisistä ei ole tietoa. Mies on ehkä mennyt oikeisiin töihin, sillä ainakaan missään levyttäneessä kokoonpanossa hän ei ole Eppujen jälkeen (tiettävästi) soittanut.

Missä on Keba? Sama vastaus kuin edellisiin: Ei enää missään. Paitsi vanhoilla vinyyleillä, kaseteilla ja cd:levyillä. Helsinkiläisbändi aloitti akustisena katusoitto-orkesterina, mutta kun talvisin ei ulkona tarjennut soittaa siirryttiin sisätiloihin ja kytkettiin soittimiin sähköt. Tiukka treenaminen tuotti tulosta ja Kebasta kehkeytyi combo, jolla soitto sujui kitkatta ja keikoillakin bändi oli valtakunnan energisimpiä. Vuonna 1984 he päättivät osallistua rockin SM-kilpailuihin.

Tuon vuotisia kisoja on pidetty kaikkien aikojen kovatasoisimpina. Keballe lankesi kisan ennakkosuosikin paineet. Ehkä bändin kovaksi tiedetty keikkakunto ja epäilemättä myös stadilaisuus loivat sille sädekehää, jota maakunnista tulevilla orkestereilla ei ollut. Mutta mitäs tapahtui? Keba jäi kolmanneksi ja voittopokaali lähti Kymenlaaksoon Peer Güntille, joka vei potin Kouvolaan.

Peer Güntin voitto yllätti vähintään yhtä paljon bändin itsensä kuin suuren yleisönkin. Güntin rumpali Twist Twist Erkinharjukin kertoi myöhemmin retkueen lähteneenkin loppukisaan Helsinkiin vähän ränttätänttä-meiningillä. "Mehän korkattiin jo Kouvolasta lähdettäessä"-kommentti kertoo jo aika paljon bändin odotuksista mahdollista voittoaan kohtaan. Keban edelle kakkoseksikin kiilasi bändi maaseudulta. Pohjanmaalta saakka, Alavudelta, paikalle saapunut Kolmas Nainen toi tullessaan lukuisasti hienoja hetkiä tulevaisuuden suomirockille. Yhtyeen esitys kilpailuissa oli niin uskomattoman rento, mutta samalla tiukka ja tarkasti soitettu, että tuomaristo ei voinut olla nostamatta sitä mitaleille. Jos ei Kolmas Nainen olisi saanut tätä alkubuustia näistä kisoista, niin olisiko siitä koskaan tullut niin suosittua kuin siitä lopulta tuli. Musiikkityyli kun ei ollut siihen aikaan ihan otollisinta tavaraa, mutta mitäs ne äijät lavalla lauloivatkaan: " Sattuma minut tänne toi ja jos sattuu niin sattuma mut aateloi". Aika hyvin sattui.

Keban kohtalo oli kolmas sija. Mutta ainakin näin jälkikäteen ajatellen, ja minkä tulevaisuuskin sitten näytti, oli vuosi -84 todellakin pirun kova rokkivuosi sm-kisoissa. Sen jälkeen olemme saaneet nauttia Peer Güntin pitämästä metelistä jo lähes kolmenkymmenen vuoden ajan (joskin bändin historia vie vieläkin kauemmas, 70-luvulle asti). Levyjä on toistaiseksi kertynyt kymmenen kappaletta. Kolmannen Naisen kultakausi kesti kymmenen vuotta ja sisälsi seitsemän levyä. Myöhemmin bändi kasattiin uudestaan ja tuloksena ilmestyi vielä kahdeksaskin.

Keban elinaika oli edellisiin verrattuna suhteellisen lyhyt. Se sisälsi vain kaksi levyä. Ensilevy (1985) oli akustisempi ja hiukan ehkä suunnattomampi, mutta kakkoslevy "Koko Ajan Go Go" (1987) on sellainen levy, mikä pitäisi löytyä kaikkien Suomi-rock levykeräilijöiden hyllystä. Huonoa biisiä siltä ei löydy. Levy jäi kuitenkin Keban joutsenlauluksi. Keikkaelämä koitui Keban kohtaloksi. Tien päällä alkoi suhteisiin ilmaantua säröjä, luovuus kärsi, eikä soittokaan enää maistunut siltä miltä sen olisi pitänyt. Yhteistuumin yhtye päätettiin lopettaa ennen kuin oli liian myöhäistä.

Keban hajottua kaikki jäsenet jatkoivat edelleen kuitenkin jossain määrin musiikin parissa. Ali Alikoski soolouralla ja sävellellen kappaleita myös muille artisteille. Tunnetuin niistä lienee Aikakoneen Alla Vaahterapuun. J.P. Pulkkisesta tuli toimittaja - kirjailija. CV:stä löytyy muutama kirja ja mittava määrä erinäisiä kulttuuridokumentteja ja asiaohjelmia sekä television että radion puolelta. Asko Kallosesta tuli levy-yhtiön pomo ja Idols-tuomari. Pete Parkkonen (ei pidä sekoittaa siihen idols-tähteen) on pysynyt rock-bisneksen duunaritasolla ja on rummuttanut koko ajan Kebasta lähtien. Viimeksi hän viihtyi pitkään Zen Cafen patteristina. Zen Cafe tosin on ollut telakalla vuodesta 2008 lähtien. Missä on Pete Parkkonen?

Sitten vielä Noitalinna Huraa. Peräseinäjoelta lähtöisin olleet minimalistisen naivismin mestarit. Tuskin he itse siihen tietoisesti pyrkivät. He vaan halusivat tehdä asiat sillä tavalla, yksinkertaisesti, mutta hyvin. Erikoisen nimensä bändi oli bongannut jostain laulajan pikkuveljen piirtämästä sarjakuvasta. Tätä samaa pikkuveljeä varmaankin laulaja Sari Peltoniemi ajatteli sanoittaessaan yhtyeen tunnetuinta laulua Pikkuveljeä (1987). Siitä tuli hyvä tunteita ja mielikuvia herättävä teksti, jossa sarjakuvat ja lumiauran kolahduskin liikauttavat kuulijan mieltä. Kahdeksantoista vuotta myöhemmin PMMP levytti Pikkuveljen bonusbiisinä toiselle levylleen ja siitä tulikin yllättäen levyn ehkä koko bändin isoin hitti. Hyvä näin, vaikkei se alkuperäiselle pärjääkään, mutta saivatpahan ainakin kappaleen tekijät mukavat ja ansaitsemansa teostokorvaukset.

Laulaja Sari Peltoniemi on nykyään kirjailija. Hän on kirjoittanut useita lasten ja nuorten kirjoja, sekä myös sci-fiä ja fantasiaa. Hannu Sepponen soittaa lastenmusiikkiorkesterissa Orffit. Antti Tammela ei ole musiikillisesti kauhean kauaksi Noitalinnasta etääntynyt. Hänen nyky-yhtyeensä Mustan Köksän musiikki on aika samanhenkistä. Musiikillisesti sen voisi sijoittaa vaikka johonkin Noitalinna Huraan ja 22-Pistepirkkojen väliin. Siltä se minusta ainakin kuulosti. Mukana meiningissä on tietysti myös urkuharmoni, jonka soundi loi jo Noitalinna Huraankin musiikille omalaatuisuuden leimaa. Reijo Kärhä elää jossain ja tekee siellä jotain. Hänestä en mitään mistään löytänyt. En edes huonoja uutisia, ne olisi toden näköisesti uutisoitu jollain musiikkia käsittelevillä sivustoilla.

Suomirokkia biisistä on jäljellä enää lopun kertosäe. Ei voi välttyä vaikutteelta, että sanoittaja Takalolta olisi alkanut mielikuvitus ehtyä. Jotain on silti pitänyt paperille pistää. Onkohan studiossa tullut kiire, sillä kappaleen viimeiset rivit jäävät jollain tapaa vähän torsoksi. Suomirokkia Haukiputaalla ja Esplanadilla vielä menee. Ensimmäinen kertoo tietysti Aknestikistä itsestään ja Esplanadi taas

taas voisi tulla aiemmin mainitusta Kebasta, jonka tunnetuin biisi oli Kesä Espalla. Onhan se tietysti myös matkallisesti pitkä matka, Haukiputaalta Esplanadille, jonka varrelle mahtuu tuhansia tarinoita suomirockista.

Liikennevaloissa ja aamun kasteessa viittaavat ainakin Dingon Sinään Ja Minään, mutta loppujen tarkoitus jää ainakin minulta avautumatta, enkä osaa niitä suoraan mihinkään tiettyyn kiinnekohtaan yhdistää. Niillä suomirokkia huudatetaan vielä kerrostalossa, saunan takana, kurkku suorana ja suvi-Suomessa. Saunan takana saattaa tietysti viitata vaikka Trio Niskalaukaukseen. Luultavasti ei kuitenkaan, sillä Niskalaukauksen ensilevy ilmestyi vasta seuraavana vuonna. Mutta voihan sitä suomirokkia laulaa tietysti ihan missä vaan kurkku suorana vaikka kerrostalossa, jos naapurisopu antaa myöden. Ja kuuluuhan se tietysti olennaisena osana Suomen suveenkin. Niin kuin kaikkiin muihinkin vuodenaikoihin, mutta onhan Suomen suvessa kuitenkin se oma taikansa, joka saa meistä aina vähän enemmän irti.

Jos mietitään vielä Suomirokkia-biisiä kulttuurihistoriallisesti, niin onhan se musiikillisen sanomansakin puolesta aika valistava. Tai ainakin siinä on nostettu esille aika monta jossain määrin enemmän ja vähemmän unohtunutta tai merkittävää asiaa, henkilöä, bändiä tai tapahtumaa. Ainakin Jukka Takalon näkökulmasta. Usein ne ovat pieniä asioita, mitkä muokkaavat meistä sellaisia kuin meistä myöhemmin tulee. Eihän niitä tässäkään kappaleessa juurikaan muuta kuin ohimennen mainitaan, mutta Pikku-Jukalle ne ovat olleet ilmeisen isoja juttuja, jos ne ovat näinkin kauan mukana kulkeneet. Ja jos joku niistä tämän laulun ansiosta kiinnostuu, niin hyvä. Menneisyydestäkin on hyvä tietää jotain, että tietää missä tänä päivänä mennään. Aknestikin Suomirokkia on ainakin siinä mielessä tärkeä biisi.

Niin! Ja Petri Nygård ei kuulu tähän juttuun mitenkään, vaikka pääsikin mielipiteensä vuonna 2000 julki tuomaan. Ehkä sitten myöhemmin jossain muualla. Ehkä?

BON JOVI – LOST HIGHWAY

(2007)

Kun minä olin nuori löytyivät Bon Jovin älppärit levykauppojen heavy-hyllystä. Kaupungilla käveli pitkätukkia, joiden farkkutakin selkämystä koristi koko selän kokoinen Bon Jovi-selkälippu ja rintapielessä roikkui kilo rintamerkkejä. Niissä kimaltelivat sulassa sovussa Bon Jovin lisäksi Motorheadin, Judas Priestin, AC/DC:n ynnä muiden aikalaisten heavy-bändien badgeja. Eikä siinä ollut mitään ihmeellistä. Bon Jovia pidettiin heavy-bändi siinä missä muitakin. Kun kasvoin hieman vanhemmaksi heavy-jätkien liiveistä löytyi edelleen samoja edellä mainittujen bändien merkkejä. Ne tietyt kulmakivet olivat niin tanakasti isketty heavy-genren kulmiin, etteivät ne edelleenkään olleet sieltä hävinneet. Alalle alkoi kuitenkin olla tunkua uusien bändien myötä. Homma alkoi räjähtää käsiin. Bändejä alkoi yhdessä vaiheessa tulla jo niin paljon, että niistä alkoi olla ylitarjontaa. Taso oli kirjava, eikä oikein kukaan enää tahtonut pysyä mukana. Melkein jokaiselle fanille tuntui löytyvän oma fanituksen kohde, josta ei kukaan muu ollut vielä kuullut. Mutta uusien bändien invaasiosta huolimatta ne vanhat bändit, ne kulmakivet pitivät edelleen pintansa. Niiden jalustaa eivät ohimenevät ilmiöt heiluttaneet.

Aikaa on kulunut jo siitäkin. Vuosituhat on vaihtunut, kellastuneet selkäliput on jo ajat sitten roudattu kaatopaikalle ja rintamerkitkin ovat ruostuneet. Mutta joiltain osin asiat ovat muuttuneet yllättävän vähän. Ne kulmakivet seisovat edelleen jämerästi paikallaan. Heavy-kansa onkin aina ollut musiikkinsa suhteen valistunutta väkeä ja osannut antaa arvon myös näille pioneerityön tekijöille kulloinkin kuluvan aikakauden trendeistä huolimatta. Nykyäänkin, yli 30 vuotta myöhemmin, vastaan kävelee silloin tällöin sitä ikää nuorempia henkilöitä jonkun kulmakiven paita päällään. Kantavat sitä ylpeästi ja kunnioutuksella. Eikä se välttämättä ole isän heille ostama paita, vaan itse ovat ne keikalta ostaneet. Faneja.

Bon Jovi ei kuitenkaan enää lukeudu tähän arvostettujen heavy-bändien joukkoon. Sen rintamerkit ovat tyystin kadonneet rotsien rintamuksista. Miksi? Mitä on tapahtunut? Eikö Bon Jovi enää nautikaan headbangereiden arvostusta? Vastaus kysymykseen on yksiselitteisen selvä: Ei.

Kävi nimittäin niin, että 80-luvun loppua kohti hevarit havahtuivat yhtäkkiä siihen tosiseikkaan, että Bon Jovi ei olekaan heavy-bändi. Ei ole, eikä ollut koskaan ollutkaan. Selvisi, että Bon Jovi onkin alusta asti ollut rokkibändi, joka sattui vaan iskemään läpi aikana, jolloin suurinpiirtein kaikki vähänkään hard-rockimmaksi tuotettu musiikki luokiteltiin heviksi. Kuka huijasi ketä? Ei välttämättä kukaan ketään, mutta osasyy oli varmasti se, että rock-musiikin luokittelu oli huomattavasti yksinkertaisempaa kuin tänä päivänä. Oli perinteisempää rockia, johon kuului suurin osa bändeistä, mutta sitten kun rock-musiikki alkoi muuttua astetta rajummaksi, railakkaammaksi tai kovaäänisemmäksi tai jossain tapauksissa muhevammin tuotetuksi se muuttui heavyksi. Esimerkiksi jopa Yesin Owner Of The Lonely Heartia jotkut pitivät heavynä. Siinä välissä ei ollut oikein mitään. Paitsi tietysti punk, joka erosi joukosta räävittömyydellään ja mitään kunnioittamattomalla asenteellaan.

Vähitellen tällaiset asiat alkoivat siis valjeta valistuneille alaa seuraaville. Suhtautuminen Bon Jovia kohtaan alkoi muuttua ja bändistä tuli hevareille lähes kirosana, tai ehkä ennemminkin siitä tuli vitsi. Kun maailmalta alkoi vielä ilmestyä sellaisia monta astetta rankempia uusia tienavaajia kuten Metallica, Manowar, Anthrax, Slayer, Wasp jne. oli Bon Jovin aika heavy-bändinä loppu. Heavy-rockin monimuotoisuus alkoi pikkuhiljaa avautua heavy-usereillekin. Eikä näitä hemmoja olisi enää saanut Bon Jovin konserttiin kirveelläkään. Ja miksi olisi pitänytkään. Ei Bon Jovilla ollut heille enää mitään tarjottavaa. Heavy-rockin alalajien kirjo alkoi 80-luvulla kasvaa moneen eri suuntaan, mutta Bon Jovi ei mahtunut enää vuosikymmenen loppua kohti mennessä yhteenkään niistä. Bon Jovista tuli ihan vaan rokkibändi, jollainen he varmasti itse halusivat kaikista eniten ollakin.

Siitä lähtien Bon Jovin kategorisointi onkin yllättäen ollut suhteellisen vaikeaa. Välillä bändi on ollut hyvinkin rock ja jotkut kappaleet voi edelleenkin (aiemmin kirjoitetusta huolimatta) ihan hyvin laskea heavybiiseiksi (tai ainakin hard-rockiksi tai kasriheviksi). Mutta sitten taas toisaalta se pehmeämpi puoli syö kyllä armottomasti heavy-uskottavuuden nurkkaa. Edes Scorpions ei pystyisi tekemään niin yli-imeliä biisejä, kuin esimerkiksi Bed Of Roses tai Always ovat. Sitten on sellaisia biisejä kuten Wanted Dead Or alive, jossa on kaikessa erinomaisuudessaan selviä suuntauksia jopa countryyn. Ei ehkä siihen perinteiseen rekkamies-countryyn, mutta sellaiseen isojen areenoiden countryyn, jota tunnetuimmin edustavat esim. Garth Brooks ja Dwight Yoakam. Tällainen musa taitaa edelleenkin olla Amerikan myydyintä musaa. Ainakin jos ajatellaan musiikkilajia koko genren laajuudelta.

Lieneekin ehkä parempi, että jätetään Bon Jovin musiikin kategorisointi sikseen ja sovitaan, että yhdistelemällä vaikkapa seuraavia termejä haluttuun järjestykseen ja biisikohtaisesti, jokainen voi päättää Bon Jovin genren ihan itse. classic, hard, heavy, rock, pop, soft, ja country. Voi niitä olla muitakin määreitä, mutta eiköhän näillä pääse alkuun.

Bon Joville on pakko nostaa hattua. Tämä New Jerseystä lähtöisin oleva joukkio on U2:n ja Metallican ohella ainoa 80-luvulla läpimurtonsa tehnyt orkesteri, joka edelleenkin vetää täyteen isommatkin areenat. Siinä missä U2:sta on uransa aikana kasvanut maailmaa suurempi yhtye, jota ei musiikin puolesta enää edes tunnista samaksi bändiksi kuin 80-luvulla ja jolle eivät kohta enää areenatkaan riitä, on Bon jovi jatkanut samalla selvästi tunnistettavalla musiikillisella sapluunallaan jo yli kolmekymmentä vuotta. Tehnyt sen rehellisesti ja omaa intuitiotaan noudattaen. Ja siinä missä Metallica on tehnyt 80-luvun jälkeen vain levyjä, joista eivät monet fanitkaan edes diggaa on Bon Jovi tarjonnut faneilleen aina varman paketin, joka ei juurikaan yllätyksiä ole tarjonnut, mutta eivät Bon Jovi-fanit niitä ole varmasti odottaneetkaan. Heille on riittänyt, ja tulee aina riittämäänkin, vain Bon Jovi sellaisena kuin Bon Jovi on aina ollut. Tai sellaisena miksi se on keski-ikäistyttyään tullut. Keskitempoista melodista aikuisrokkia. Vaikkakin välillä vähän imeliäkin, ruusuja ja romantiikkaa tarjoilevia balladeja läpinäkyvässä sellofaanissa. Resepti on kuitenkin toimivaksi todettu. Siinä mielessä Bon Jovilla ei varmaankaan ole suurempia suorituspaineita. Ainakaan niin paljon kuin kahdella muulla edellä mainitulla orkesterilla, joista ainakin toinen on ollut ajoittain aika pihalla. Niin musiikin kuin muunkin suhteen.

Vaikka monet Bon Jovi-fanit selkänsä käänsivätkin vuoden 1988 New Jersey-levyn jälkeen, on aika moni heistä sen jälkeen pikkuhiljaa palannut takaisin riviin. New Jerseyn seuraaja Keep The Faith ei todellakaan ollut huono levy, mutta sen ja New Jerseyn välillä oli aikaa ehtinyt kulua kuitenkin neljä vuotta. Mutta mikä merkittävämpää, vuosikymmenkin oli ehtinyt vaihtua siinä välissä. Ja kaikista maailman rock-bändeistähän Bon Jovi oli ehkä kaikista kahdeksakymmenlukulaisimpia. Ysäri oli tehnyt kasarista vanhanaikaista, eikä sitä voinut kuunnella kuin korkeintaan jossain menneiden aikojen nostalgiabileissä ja naamiaisissa. Eikä aikaa ollut kulunut edes kymmentä vuotta!? No, tulevaisuus sitten myöhemmin osoitti kumpi vuosikymmen antoi musiikillisesti enemmän. No kumpi? Kukin miettiköön sitä itsekseen.

Bon Jovin keski-ikäistymisestä on hyvä esimerkki vuoden 2007 albumi Lost Highway. Bändin levytysura täytti sinä vuonna 23 vuotta. Se ei ihmiselämässä ole vielä keski-ikäisyyden raja, mutta rokkibändille se alkaa sitä jo olla. Lähes poikkeuksetta jäsenet alkavat jo siinä vaiheessa heilua vähintään neljänkymmenen huituvissa. Ainakin jos on kyse alkuperäiskokoonpanossa soittavasta yhtyeestä, kuten Bon Jovikin on. Alkuperäinen basisti Alec John Such tosin lähti lätkimään vuonna 1994, mutta bändi teki silloin herrasmiessopimuksen, että Alecia ei lähdetä korvaamaan, eikä uutta basistia oteta tilalle. Eikä ole otettu - ei ainakaan vakituiseksi jäseneksi. Siitäkään huolimatta, että siitä asti nelikielistä on jumputtanut sama häiskä, Hugh McDonald. Ilmeisesti palkanmaksu ei ole takkuillut ja järjestely on hänelle muutenkin sopinut, kun on mukana jaksanut roikkua.

Hugh McDonald ei kuitenkaan ollut mikään uusi tuttavuus Bon Joville siinä vaiheessa. Hän oli keikkunut Bon Jovin mukana ja taustalla jo alusta asti. Hän nimittäin soitti jo vuonna 1983 julkaistulla bändin ensisinglellä Runaway. Mikä onkin sinänsä mielenkiintoinen juttu, sillä kaikki muutkin Runawaylla soittaneet muusikot olivat studiomuusikoita. Tai ainakin muusikoita ihan muista yhteyksistä. Esimerkiksi Roy Bittan, joka tunnetaan paremmin Springsteenin E-Street-Bändin kosketinsoittajana. Toisin sanoen: ainoa Bon Jovin jäsen, joka esiintyi bändin ensimmäisellä sinkulla oli laulaja Don Bongiovi. Syykin oli hyvin yksinkertainen: Yhtyettä nimeltä Bon Jovi ei ollut silloin vielä perustettu. Sen aika tuli kuitenkin hyvin pian, sillä Runaway alkoi saada New Yorkin alueen radiokanavilla soittoaikaa mukavasti. Mutta sen kaupallinen menestys jäi, ainakin näin jälkikäteen ajatellen, yllättävänkin pieneksi.

Niin iso hitti kuin Runawaystä tulikin, niin silti se ei Billboardin Top 100 listalla noussut korkeimmillaan kuin sijalle 39. Australiassa se sijoittui sijalle 105, mutta missään päin muuta maailmaa sille ei noteerattu listasijoitusta. Ei Englannissa, ei USA:ssa, eikä edes Suomessa. Siitä huolimatta se on yksi Bon Jovin tunnetuimmista ja suosituimmista kappaleista. Myöskään ensilevy, Bon Jovi (1984), seuraavana vuonna ei ollut valtava menestys. USA:ssa se nousi sijalle 43 ja Englannissa sijalle 71. Syitä näin alhaisiin sijoituksiin on ainakin näin jälkikäteen vaikea lähteä arpomaan, mutta olisiko yksi mahdollinen syy se, että Bon Jovia pidettiin heavybändinä, eikä heavy ollut silloin vielä yleisesti hyväksyttyä listakamaa.

Levymyyntiä hallitsivat sinä vuonna suhteellisen suvereenisti Michael Jackson, Prince ja Bruce Springsteen. Levyjen nimiä ei tarvinne erikseen kertoa. Ne ovat juuri ne jotka suurimmalla osalla ensimmäisenä mieleen tulevat.

Bon Jovin matka ensilevystä (Bon Jovi) ja ensisinkusta (Runaway) kymmenenteen levyyn, Lost Highwayyn on siis 23:n vuoden mittainen. Matkasta voi hyvinkin kuulla bändin varttumisen aikuiseksi. Ensilevyn puberteetti on kahdessakymmenessäkolmessa vuodessa muuttunut seesteisemmäksi ja varttuneemmaksi, kypsemmäksi ja keski-ikäiseksi. Eikä tämä välttämättä ole negatiivinen kommentti.

Lost Highway-levyn nimi on lainattu Leon Paynen saman nimisestä kappaleesta, jonka Hank Williams aikanaan teki tunnetuksi. Hankhan oli aikanaan (ja on edelleenkin) yksi country-musiikin suurimmista legendoista. Omassa Lost Highwayssaan hän on ajautunut elämässään kadoksiin ja kulkee pitkin astraalista valtatietä kohti tuhoaan. Näinhän siinä sitten lopulta kävikin. Hank Williams kuoli keikkamatkalla, tien päällä, Cadillacin takapenkille vuonna 1953. Tämä havaittiin tankkaustauolla Oak Hillin kaupungissa West Virginiassa. Hank Williamsin kuolema lieneekin suurimpia Oak Hillin kaupungille tapahtuneita asioita. Wikipedian Oak Hill-artikkelissakin tapaus mainitaan jo heti kolmannessa lauseessa. Tänä päivänä Oak Hillissä on hiukkasta vaille 8000 asukasta. Varmasti jonkin verran tapaus on tuonut turistitulojakin kaupungille. Ainakin sille huoltoasemalla, sikäli mikäli se on vielä olemassa.

Bon Jovi on omassa Lost Highway-kappaleessaan ehkä samalla tiellä, mutta tulossa täysin päinvastaisesta suunnasta. Jos Hank Williams oli kadottamassa kaiken, on Bon Jovi löytänyt tai ainakin löytämässä sen kaiken kadotetun. Kaikki kerrotaan hyvinkin selvästi. Kuinka maailma on auennut uusin silmin ja kuinka kaikki on paljon selvempää ja kuinka elämä alkaa olla harmoniassa. Jopa Jeesuksesta laulussa lauletaan. Muovinen sellainen hänellä on auton etuikkunalla tukenaan. Levyn kannessa sitä ei kuitenkaan näy, vaikka siinä nimenomaan on kuvattu näkymä auton etuikkunasta kuljettajan silmin. Kartta ja aurinkolasit siinä kyllä on, mutta hei... hetkinen. Aurinkolasien vieressä taitaa sittenkin seistä muovinen Jeesuspatsas. Siitä on tosin vain reuna näkyvissä, mutta mikä muukaan se voisi olla. Kyllä se on Jeesus. Tuskin sillä kuitenkaan tässä laulun tapauksessa on niinkään uskonnollista merkitystä, vaan ehkä se nimenomaan kuvastaakin sitä rauhaa ja turvallisuuden tunnetta, minkä laulaja kertoo löytäneensä.

Vastaantulijoita ei tiellä näy, niinpä hän sojottaa pitkin pitkää suoraa kohti auringonlaskua, keskellä tietä ja keltaisen viivan päällä. Amerikan viljavainiot reunustavat tietä ja kansi onkin hyvin country-henkinen. Ja sellaista se on myös musiikki näiden kansien sisällä.

Vanha tuttu Bon Jovi on täysin tunnistettavissa, mutta countryn nykysuuntaukset a la garth brooksit, shania twainit ja dixie chicksit ovat täysin rinnastettavissa tähän levyyn ja tähän biisiin. Lopullinen varmuus näihin rinnastuksiin ja tarkoituksellisuuteenkiin selviää ensinnäkin siitä, että levy on äänitetty country-musiikin pääkaupungissa, Nashvillessä. Ja toiseksi vielä siitä, että kappaleeseen Till We Ain't Strangers Anymore Donin kanssa duetoimaan on kutsuttu countrytähti LeAnn Rimes. Tuloksena countryballadi isolla, todella isolla, C:llä.

Näinköhän se päivä on vielä tulossa, kun Bon Jovillekin varataan keikka country-musiikin mekkaan, Grand Ole Opryyn. Täytyy sanoa, että en yllättyisi. Jatkuvuudenkin kannaltakin jostain pitäisi löytyä se uusi yleisö kun vanha vanhenee. Vielä toistaiseksi stadionit täyttyvät, mutta kuinka kauan. Kantrimarkkinoilla riittäisi markkinarakoa. Ainakin Amerikassa.

Toisaalta Bon Jovin fanit ovat kuitenkin uskollista joukkoa muuallakin maailmassa. On etenkin yksi faniryhmä, jonka keskuudessa kato on ollut huomattavasti pienempää kuin muissa ryhmissä. Eikä se ole pieni ryhmä. Se on tytöt. No, silloin alkuun he olivat tyttöjä, mutta tänä päivänä heistäkin on jo kasvanut keski-ikäisiä naisia, äitejä ja aviovaimoja, mutta edelleenkin monet heistä ovat faneja. Eivätkä he kääntäneet takkiaan edes silloin kun nahkatakkipojat viereltä häipyivät. Vaikka hittien määrä on Bon Jovilta vähentynytkin, niin kyllä vanhoilla ja hyväksi todetuillakin pääsee aika pitkälle. Niillähän se pohja luotiin. Mutta ei se fanitus näiden entisten tyttöjen kohdalla siltikään perustu pelkästään niihin vanhoihin hitteihin, vaan myös musiikin ulkopuolisilla tekijöillä on tässä asiassa osansa. Mutta kuinka paljon. Sitä he eivät välttämättä kerro aviomiehilleen ja lapsilleen. Suotakoon se heille. Kyllä jokaisella pitäisi olla joku fanituksen kohde. Vaikka sitten olisikin saavuttamaton salarakas.

BOOMTOWN RATS – I DON'T LIKE MONDAYS / RAT TRAP

(1979 / 1978)

Irlantilainen Boomtown Rats ei ollut mitenkään kauhean merkittävä rock-yhtye. Sitä ei löydy alan yleisteosten päälukujen kohdalta, eikä välttämättä alaotsikoistakaan. Kaikki musadiggarit kuitenkin tietävät bändin ainakin nimeltä ja etenkin sen keulahamon Bob Geldofin. Miehen, jonka Kuningatar Elisabeth ylensi jopa ritariksi asti vuonna 1986 humanitäärisistä ansioistaan (Live Aid ja kaikki siihen liittyvä). Vuosina 2006 ja 2008 Geldof oli jopa Nobelin rauhanpalkintoehdokkaana, mutta ei tullut valituksi. Jälkimmäisenä vuonna kunnian sai muuten Martti Ahtisaari.

Vaikka Boomtown Rats ei musiikillisilla saavutuksillaan maailmankuuluksi orkesteriksi koskaan tullutkaan, oli sillä kuitenkin omat tähtihetkensä. Boomtown Rats oli esimerkiksi ensimmäinen punk-bändiksi luokiteltu orkesteri, joka sai kappaleensa Englannin sinkkulistan ykköseksi asti. Tekivät sen vieläpä kaksi kertaa. Siinä ohessa meni rikki myös sellainen ennen näkemättömyys, että koskaan aikaisemmin ei brittilistojen ykkösenä oltu nähty myöskään irlantilaista rock-yhtyettä. Samalla kertaa Ratsit tekivät siis tuplaennätyksen kaksi kertaa. Ensimmäisen kerran marraskuussa 1978 kappaleella Rat Trap ja toisen heinäkuussa 1979, jolloin ykkösenä oli I Don't Like Mondays.

Asia ei sen edellä mainitun punk-bändi-ennätyksen kohdalla ole ollut kuitenkaan ihan välttämättä juuri niin kuin on yleisesti annettu ymmärtää. Nimittäin Sex Pistolsin 1977 julkaistu God Save The Queen on todennäköisesti kuitenkin ollut se ensimmäinen ykköseksi noussut punksingle, mutta sattuneista syistä, eli soittokielloista, mainoskielloista ja muusta biisiin kohdistuneesta boikotoinnista johtuen se ei virallisella listalla noussut koskaan kuin kakkoseksi asti. Epävirallista tietoa asiasta liikkui jo tuolloin, että single olisi ollut siihen mennessä Britannian kaikkien aikojen myydyin sinkku, mutta kuningaskunnassa sitä kunniaa ei sille uskallettu antaa. Todennäköisesti God Save The Queen manipuloitiin kakkoseksi. Asiaan ei ole ilmeisesti vieläkään saatu virallista varmuutta, mutta asiaa tutkineet kyllä tietävät totuuden. Kuten varmasti myös Rod Stewart, jonka I Don't Want To Talk About It sai silloin kunnian keikkua kyseenalaisena ykkösenä.

Niinpä reilun vuoden päästä edellisistä hieman vähemmän provosoiva orkesteri Boomtown Rats sai kunnian olla ensimmäinen punk-ykkönen. Listaykköseksi nousu ei ollut tärkeä virstanpylväs pelkästään Boomtown Ratsille, vaan yleensä ottean kokonaiselle punk-musiikkigenrelle, joka oli muuttamassa lähes koko rock'n'rollin ideologiaa. Soittamiseen ei enää tarvittukaan välttämättä musiikillista lahjakkuutta, vaan riitti kun oli intoa, halua ja tahtoa ravistella vanhoillisiksi koettuja pinttyneitä arvoja. Niin sanoituksellisesti, soitannollisestikin kuin yhteiskunnallisestikin. Ulkonäöäkään tietenkään unohtamatta. Provosointi olikin siihen aikaan aika helppoa, sillä punkkariksi leimaamiseen riitti yksinkertaisimmillaan melkeinpä pelkkä punk-aiheinen t-paita, rikkinäiset farkut tai pystyyn kammattu tukka.

Mutta kuten kerrottua, Boomtown Ratsin luokittelu punk-bändiksi tänä päivänä hieman hämmentää. Sillä kyllähän tosiasia on, että vaikka Boomtown Rats ajoittain oli kantaa ottavakin orkesteri, ei sen musiikista siltikään saa punkkia, ainakaan millään nykymittareilla. Olihan aika tietysti toinen silloin 70-luvun loppupuolella, jolloin musiikki oli brittein saarillakin jo seestynyt edellisen vuosikymmenen vaihteen meiningistä. Hipit ja huru-ukot olivat jo hieman aikuistuneet ja osittain rockista oli tullut keski-ikäistyttyään jopa hyväksyttävää. Sehän ei uudelle sukupolvelle sopinut. Oli asiaa ja se piti sanoa - vieläpä mahdollisimman kovaäänisesti. Pinnan alla kuohui ja kupli. Discomusa hallitsi myyntilistoja aika suvereenisti ja siihen väliin kovaäänisen punk-musan tulo olikin hilekansan ja konservatiivisen musiikkimaun omaavien ihmisten kauhuksi tervetullut ilmiö.

Saarivaltakunnassa elettiin muutenkin suurten muutosten aikaa. Tämä kärjistyi lähes luokkasodaksi Margaret Thatcherin tultua valituksi pääministeriksi vuonna 1979. Punk-bändit olivat yksiä kovaäänisimmistä rautarouvan edustaman riistopolitiikan vastustajista ja ehkä siksi kaikki vähänkin kantaa ottavammat uudet rokkibändit leimattiin punkiksi. Sittemmin keksittiin kuitenkin termi new wave, eli uusi aalto, näille astetta vähemmän anarkistisimmille bändeille. Se sopi Boomtown Ratsinkin kategorisoimiseen huomaattavasti paremmin.

Terminä uusi aalto oli kuitenkin huomattavasti vaikeammin määriteltävissä kuin punk. Se tuntuikin joskus pitävän sisällään kaikki ne muut rokkibändit, joita ei oikein voinut mihinkään muuhun kategoriaan pistää. Aikalaisista otsikon alle laitettiin esimerkiksi bändejä Policesta Blondieen, Elvis Costellosta Talkin Headsiin, Jamiin, Boomtown Ratsiin jne. Kaikkiin edellä mainittuihin liitettiin vielä uriensa alkuaikoina punk-rockin määreitä. Toisiin enemmän, toisiin vähemmän, mutta kun ihmisille alkoi selvitä mistä punkissa oikeastaan olikaan kysymys (esim. soittotaidon osalta) määrittely muuttui uudeksi aalloksi, mikä ei nyt sitten kertonut näiden bändien musiikillisista ambitioista senkään vertaa.

Vaan eipä menisi punk-liite, sen kummemmin kuin uusi aaltokaan enää tänä päivänä läpi yhdenkään edellä mainitun kohdalla. Ei sitten millään. Toisaalta onko uutta aaltoa enää olemassakaan? Taitaa olla mennyt aalto jo, vaikka joitain aikalaisia bändejä vielä olemassa onkin. Sen sijaan punkilla menee edelleen hyvin. Ehkä fanikannan vanhettua senkin kapina on aikalailla laantunut, mutta yhteisöllisyys sekä jatkuvasti alalle nousevat uudet bändit ovat pitäneet homman tuoreena, sopivasti uusiutuvana ja elinvoimaisena.

Boomtown Ratsin maine alkoi hiipua 80-luvulle tultaessa. Levyjä se teki kuitenkin vuoteen 1984 saakka, kunnes lopulta hajosi kaksi vuotta myöhemmin. Bob Geldofilla alkoi olla muita kiireitä. Musiikin historiaan bändi ei mitään suurta perintöä jättänyt, mutta silti aina kun Boomtown Ratsista tulee puhe, ei yhtä kappaletta voi millään sivuuttaa.

I Don't Like Mondays on se kaikille tuttu laulu, joka suurinpiirtein ainoana Boomtown Rats-kappaleena vielä silloin tällöin saattaa soida radiossakin. Biisinä sekään ei ole kauhean kummoinen, eikä mielestäni ole edes maineensa arvoinen - ainakaan sävellyksenä. Sen maine ja menestys perustuvatkin pitkälti siihen järkyttävään tositarinaan, jonka pohjalta se syntyi. Taustaltahan löytyy tosipohjainen tapaus kouluampumisesta, jonka seurauksena kaksi ihmistä kuoli ja yhdeksän loukkaantui. Pidätystilanteessa ampuja oli kertonut syyksi teolleen ettei pidä maanantaipäivistä.

Tapaus sattui San Diegossa samaan aikaan kun Boomtown Rats sattui olemaan Amerikan kiertueella. Bob Geldof oli tuona nimenomaisena päivänä ollut radiohaatattelussa atlantalaisella radioasemalla ja sattui näkemään toimituksen pöydällä tuoreen uutisfaxin aiheesta. Uutinen jäi hänen mieleensä pyörimään ja samana iltana hän väsäsi aiheesta laulun, jossa yritti ymmärtää tapahtunutta.

Ampujan taustalta ja perheestä löytyi alkoholismia, syrjäytyneisyyttä, avioero ja jopa insestistä puhuttiin. Poikkeuksellisen tapauksesta teki vielä se, että ampuja oli tyttö, tuolloin 16-vuotias, Brenda Ann Spencer. Tapaus sai valtavat määrät julkisuutta, paljolti varmasti Boomtown Ratsin biisin takia, mutta myös sen mielettömyyden takia. Vuonna 1979 tällaiset tapaukset olivat vielä hyvin harvinaisia, mutta jo 80-luvulle tultaessa alkoi tahti kiihtyä ja niistä tuli lähes jokavuotista uutismateriaalia. Ilmiö ei jäänyt pelkästään amerikkalaiseksi, vaan tapauksia on kertynyt ajan mittaan kaikkialla maailmassa.

Vaikka I Don't Like Mondays nousikin ykköseksi monissa maissa, mm. Englannissa ja Irlannissa, ei se USA:ssa saavuttanut kuin listasijoituksen 73. Luultavasti kappaleen synkällä syntyhistorialla oli osansa sen huonoon menestykseen, mutta epäilemättä myös moraalisilla syillä oli Amerikassa asian kanssa tekemistä. Vakavasta aiheesta tehty pop-laulu oli monien mielestä vähintäänkin arveluttava ja sen soittaminen radiossa edusti huonoa makua toimittajilta. San Diegon alueellakin kappale oli pitkään soittokiellossakin ymmärrettävistä syistä.

Jos asiaa pelkästään musiikillisesti ajatellaan, niin ei I Don't Like Mondaysin huono menestys USA:ssa oikeastaan ollut muutenkaan mikään ihme. Kappale ei yksinkertaisesti ollut yhtään amerikkalaiseen makuun sopiva. Ja kun mikään muukaan Boomtown Rats-biisikään ei koskaan saanut minkäänlaista listasijoitusta Amerikassa, niin miksi sitten tämä keskinkertaisuus olisi siihen pystynyt. Boomtown Ratsin musiikki oli ihan liian brittiläistä amerikkalaisille, vaikka irlantilainen bändi alunperin olikin.

Ajassa taaksepäin mennessä, aikaan ennen I Don't Like Mondaysia ja edellä läpikäytyjä ikäviä tapahtumia Boomtown Rats teki, kuten alussa jo todettiin, punk-rockin historiaa: Marraskuussa 1978 yhtyeen toiselta levyltä poimittu kappale Rat Trap nousi Britannian virallisen sinkkulistan ykköseksi. Eikä se mikään huono biisi ollutkaan. Jos nykyään ihmetyttyttää Boomtown Ratsin leimaaminen aiemmin punk-bändiksi, niin vielä enemmän ihmetyttää Rat Trapin leimaaminen punk-biisiksi. Kappaleessa ei ole punkkia juurikaan yhtään, vaan yllättäen sen jäljet johtavatkin johonkin ihan muualle. Rat Trapissa on nimittäin vaikutteita hyvinkin paljon eräästä toisesta irlantilaisbändistä, Thin Lizzystä. Mutta vielä sitäkin enemmän siinä on elementtejä, jotka tuovat mieleen erään amerikkalaisartistin, joka noihin aikoihin alkoi lunastaa niitä odotuksia, jotka myöhemmin tekivät hänestä yhden aikamme suurimmista artisteista - Bruce Springsteenin. Rat Trapissa on springsteenmäisyyttä jopa niin paljon, että biisi voisi aivan hyvin olla vaikka Brucen omasta kynästä lähtöisin.

Mutta kyllä Bob Geldofkin osasi tehdä hittibiisejä. Säveltämisen lisäksi hän entisenä toimittajana taisi myös idearikkaiden sanoitusten rustaamisen ja tarinoiden kertomisen taidon. Jo ensilevyltä poimitut, listoillakin poikenneet, sinkkubiisit Looking After No. 1 ja Mary Of The 4th Form olivat siitä hyviä esimerkkejä. Siltäkin osin kaikki palikat olivat hyvin kasassa ja kakkoslevyn päättävällä Rat Trapilla Geldof halusi kertoa taas tarinan.

Rat Trap on kaupunkitarina. Aivan siinä kuin esimerkiksi Springsteenin alkupään tuotannosta löytyvät New York City Serenade, Kitty's Back ja suurimpana kaikista kymmenminuuttinen Jungleland, joka löytyy vuoden 1975 levyltä Born To Run. Viimemainitun tarinassakin on selviä yhtymäkohtia Rat Trapiin, mutta ei kuitenkaan niin paljoa, että tarinan plagioinnista voisi puhua. Sitäpaitsi tämän spekuloinnin kumoaa heti alkuunsa se, että Bob Geldof on kertonut kirjoittaneensa Rat Trapin sanoituksen jo vuonna 1973, eli aikaan ennen Junglelandia.

1973 on kuitenkin se vuosi kun Brucen ensimmäinen levy ilmestyi. Siltäkin levyltä voisi näitä sopivia tarinan aihioita kyllä löytyä, Spirit In The Night esimerkiksi. Mahdollisesti Bob siltäkin levyltä jotain ajatuksen siemeniä ammensi. On ainakin hyvin mahdollista, jopa todennäköistä, että hän sen suht' tuoreeltaan kuuli, sillä niihin aikoihin hän työskenteli vielä musiikkitoimittajana USA:ssa. Pitää kuitenkin vielä korostaa, että missään tapauksessa kysymyksessä ei ole sama tarina, vaan hyvin samanhenkinen tarina. Ehkä niiden perimmäiset yhtymäkohdat lopulta löytyvät sittenkin jostain kirjallisuuden maailmasta.

Tästä aiheesta spekulointi voitaneen kuitenkin lopettaa tähän, sillä se todennäköisesti johtaisi ennen pitkää vaan umpikujaan. Ja eikös se sitä paitsi ole vähän niin, että jos draaman kuin draaman kaarteita tarpeeksi pitkälle seurataan, niin kaikki ne aina päätyvät jollain tapaa Romeoon Ja Juliaan tai joihinkin muinaisiin kreikkalaisen teatterin näytelmiin. Toisin sanoen: kaikki on jo ainakin kertaalleen tehty. Saa olla eri mieltäkin, sillä niin olen itsekin, joten se ainakin siitä tarinan plagioinnista.

Mutta Rat Trap kuulostaa myös tuotantonsa puolesta ihan

Springsteeniltä. Se nyt ainakin voi olla hyvinkin perusteltavissa sillä, että aiemmin saman vuoden kesäkuussa Brucelta oli ilmestynyt neljäs albuminsa "Darkness On The Edge Of The Town". Levy oli satavarmasti osunut myös alan nousevan tähtituottajan ja ensimmäiset Boomtown Ratsinkin levyt tuottaneen Mutt Langen korviin. Ammattimiehenä hän ymmärsi yhdistää lähtökohdat ja osasi rakentaa niistä mallikappaleensa mukaisen kokonaisuuden. En tiedä onko häneltä koskaan kysytty Pomon vaikutteista Rat Trapiin, mutta tuskin hän niitä kieltäisikään. Jos kieltäisikin, niin kukaan ei uskoisi. Ja miksi kieltäisi, Rat Traphän on täysosuma, kutakuinkin keskellä kymppiä.

Jos Springsteenin laulujen tapahtumapaikkana oli New York, niin Boomtown Ratsilla se oli luonnollisestikin Dublin. Springsteen romantisoi vahvasti kaupunkikuvansa, mutta Boomtown Ratsin Dublin oli lohduton paikka. 70-luvun puolivälissä maan pääpungissa eivät olleet kaikki asiat hyvin - useimpien mielestä ei mikään. Poliitikot tuntuivat ajavan vain omaa etuaan. Katolinen kirkko moralisoi vahvasti uskonnollista kansakuntaa, kertoi mitä saa ja miten pitää ajatella, mitä saa tehdä ja mitä ei. Myöskin pohjoisen rajanaapurin, Pohjois-irlannin, tilanne kuvastui Irlannissa. Dublinkin oli saanut pariin otteeseen oman osansa IRA:n pommeista. Maan talous oli kuralla, työttömyysluvut olivat korkeita ja maineensa mukaisesti Irlanti oli alkoholinkäytön kärkimaita.

Bob Geldofkin kritisoi kotimaansa oloja voimakkaasti bändin alkuaikoina. Television talk-show ohjelmassa hän antoi tulla kaiken mitä mielessään liikkui. Poliitiikka, poliitikot ja vanhoillisesti ajattelevat kirkolliset piirit saivat kaikki kuulla osansa. Seurauksena oli se, että bändiltä evättiin esiintymismahdollisuudet koko maassa. Bob vastasi tähän myöhemmin musiikillisesti vuonna 1980 kappaleessa Banana Rebuplic, joka ei yllättäen kertonutkaan mistään banaanisaaresta, vaan Irlannista itsestään. "Banana Rebuplic, septic isle suffer in the screaming sea..."

Rat Trap kertoo katkelman kahden dublinilaisen nuoren, Billyn ja

Judyn, elämästä tällaisessa kaupungissa. Molempien elämä on hieman hakusessa. He tuntevat olonsa ahdistuneeksi ja haluaisivat pois, jonnekin missä ei ole kaikkia edellämainittuja kieltoja. Billy vaeltelee ympäriinsä ja tuntee olevansa kaupungissa kuin ansassa. Hän aistii kulmilla vapauden puutteen. Käskyt ja määräykset ohjaavat ihmisten elämää. Väkivallan uhka leijuu jatkuvasti kaupungin yllä. On lauantai. Judyllä on ongelmia. Vanhemmat riitelevät kotona joka ilta, eikä hän ei viihdy siellä. Hänkin tuntee olevansa ansassa. Hän haluaisi oman elämän. Päästä töihin tehtaaseen ja saada omaa rahaa. Ehkä sitten hänkin voisi tuntea itsensä onnelliseksi, vapaaksi - edes vähän vapaammaksi. Tässä kaupungissa se ei vaan tunnu olevan mahdollista. Pitäisi päästä pois. Hän lähtee ulos.

Ulkona on kylmä. Judy työntää kätensä syvälle takin taskuihin. Katua alaspäin käydessään hän miettii mistä löytäisi Billyn. Viimein hän näkee tämän italialaisessa kahvilassa istumassa, juovuksissa tottakai. Judy menee pöytään istumaan. Billy on taas juonut masennukseensa ja masentunut lisää. Judyn on ajoittain vaikea saada tämän puheesta selvää. Mutta kun Billy hetkeksi vetää henkeä, ryhdistäytyy ja katsoo Judya harittavilla silmillään silmiin ja sanoo: "Tämä paikka on rotanloukku, Judy, ja me olemme jääneet siihen kiinni. Täältä pitää päästä pois!" Judy ymmärtää ja on samaa mieltä.

Meillä suomalaisilla on Irlannista ollut aina hieman romantisoitu näkemys. Jostain syystä monet pitävät meitä jopa jonkinlaisena veljeskansana irlantilaisten kanssa. Sen verran yhteistä maidemme historioilla on, että molemmat maat ovat pitkän taistelun jälkeen päässeet erkanemaan entisistä emämaistaan. Asukasluvutkin keikkuvat molemmilla siinä viiden miljoonan tuntumasssa ja molemmat maat ovat Euroopassa. Joten onhan meillä jotain yhteistäkin. Aika usein yhtäläisyysajatus kulminoituu kuitenkin alkoholin käyttöön liittyviin asioihin. Jos tuolta pohjalta ajatellaan, niin aika huteralla pohjalla ovat yhtäläisyydet. Monet maassa käyneet ovat ylistäneet irlantilaisten välittömyyttä ja vieraanvaraisuutta. Siellä kuulemma tiedetään suomalaistenkin persous väkijuomille eikä pubissakaan tarvitse näin ollen kuivin suin istua. Ajat ovat kovasti muuttuneet Irlannissa viime vuosikymmeninä. 90-luvun alussa se oli vielä yksi Euroopan köyhimmistä maista, mutta sen jälkeen nousu on ollut nopeaa. Nykyään maalla menee jo aika hyvin, joskin yleis-eurooppalainen taantuma on iskenyt myös sinne. Elintaso on kuitenkin huomattavasti parantunut siitä, mitä se oli esimerkiksi vielä silloin, kun Boomtown Rats oli pinnalla sekä Rat Trap ja I Don't Like Mondays listaykkösinä. Joskus olisi kiva kuulla radiosta tuota ensiksi mainittuakin.

HANOI ROCKS – 11TH STREET KIDS

(1981)

Ensimmäisen kerran näin Hanoi Rocksin livenä 1981. Paikka oli perisuomalainen tanssilava keskellä metsää. Katoavaa - ja nyt jo lähes kadonnutta- kansanperinnettä. Ainakin siinä asiassa, että vielä 80-luvulla näitä tanssipaikkoja oli kattavasti kautta maan ja viikonloppisin niillä soi rock. Lavoille rahdattiin porukkaa lähikunnista linja-autoilla ja toki paikalle saavuttiin myös omilla autoilla isommalla porukalla.

Parkkipaikoilla autojen stereoista raikasi Rock'nRoll. Siellä ryypättiin, rällättiin ja naisten kanssa suudeltiin. Lähimetsissä ryypättiin ja rällättiin lisää ja naisten kanssa suudeltiin ja joskus joku saattoi jopa... Aina ei metsään kuitenkaan uskaltanut edes mennä. Siellä saattoi piillä vaara siitä, että joku pölli omppuviinit turpaanvedon uhalla ja vei sen jälkeen vielä ne viinitkin. Se oli hienoa aikaa.

Siihen aikaan Hanoi Rocksistakin vielä kyseltiin, että ovatko ne suomalaisia. Kukaan ei tuntunut tietävän varmasti. En minäkään ihan varma ollut, mutta olin kuitenkin "luotettavalta" taholta kuullut, että olisivat.

Ensimmäisen Hanoi Rocks-levyni sain joulupukilta samana vuonna. Se oli tietysti se ensimmäinen, samana vuonna julkaistu, "Bangkok Shocks, Saigon Shakes, Hanoi Rocks". Rokki ei ollut minulle ihan uusi asia, mutta Hanoi Rocks toi siihen aivan uuden ulottuvuuden. Se oli rock-uskottavuus. Olihan sitä aiemminkin ollut esim. Hurriganesilla, mutta silloin kun Ganesiin tutustuin paljon aikaisemmin pikkukossina, ei nuoruus-kapina-rock'n'roll vielä kuulunut ajatusmaailmaani. Ainakaan yhdyssanana. Punk-rock näiden välisenä aikana alkoi jo vähitellen tuoda kutinaa vatsan pohjaan ja ennakoida tulevaa. Mutta kyllä se oli Hanoi Rocks, joka lopullisesti särki sen viattomuuden kuplan. Rokki oli likaista, vaarallista ja vaati oikean asenteen. Aloin vähitellen ymmärtää, miksi vanhempi väki kammoksui kovaa meteliä pitäviä pitätukkia.

Hanoi Rocksin ensimmäisen levyn, Bangkok Shocks Saigon Shakes isoin hitti oli sen avausraita Tragedy. Don't Never Leave Me oli toinen. Eikä muutkaan biisit huonoja olleet. Oikeastaan yhtään huonoa biisiä, ei levyltä löydy. Mutta 11th Street Kids oli biisi joka napsahti minulle kaikista kovimmin. Se kertoo nuoruudesta, kavereista ja teinirakkaudesta ja sitten lopuksi niiden kaikkien menettämisestä. Siitä, kuinka aika tekee tehtävänsä ja kaverit katoavat kuka minnekin. Jokainen vuosien saatossa nuoruusvuosiensa ohi elänyt on näitä juttuja joskus kokenut.

11th Street Kids alkaa siitä, kun laulaja (Mike) juoksee henkensä edestä linja-autopysäkille. On kesä, on helle. Kello näyttää iltapäiväruuhkan aikaa. On kiire. Hän on matkalla tapaamaan ystäviään ja erikoisesti Suzya, joka on ihan pakko nähdä. Uskaltaisiko tänään? Ajatteleeko Suzy samoin?

Perillä Mike rohkaisee mielensä. Hän suutelee Suzya syvälle ja pitkään. Hän tuntee olevansa kuin taivaassa, mutta samalla hän huomaa, että Suzy ei ole yhtä innoissaan. Mikä meni pieleen? Pelko menettämisestä hiipii väkisinkin mieleen.

Kesä menee, syksy tulee, talvi, kevät ja uusi kesä. Vuodessa on tapahtunut paljon. Peter on lähtenyt muualle ja Suzykin on muuttanut toiseen kaupunkiin. Mike on jäänyt yksin ja ikävissään mittailee tuttuja katuja. Korttelit ova täynnä muistoja kuumista kesäpäivistä ja öistä joita he viettivät metroasemilla norkoillen. Erään sellaisen käytävällä hän törmää tuttuun seinäkirjoitukseen. Seinään on kirjoitettu paksulla tinneritussilla pikaisesti töhertäen: Punks Never Die!!! Mike muistaa tuon yön.

Hän jatkaa matkaansa pitkin tyhjiä katuja muistellen kaikkia niitä entisiä 11:nnentoista kadun skidejä, miettien missä he kaikki mahtavat nyt olla. Yksi vaihe elämästä on taas takana.

Viimeisen kerran näin Hanoi Rocksin livenä Lahden Jazz-torilla 2008. Siitä oikeasta Hanoi Rocksista olivat mukana enää Andy ja Mike. Nasty Suicidesta oli jo ajat sitten tullut Jan Stenfors ja lääketehtaan proviisori. Sam Yaffa asusteli silloin vielä Amerikassa ja soitteli useissakin bändeissä. Tunnetuin niistä oli uudelleen kasattu New York Dolls. Rumpaleista Gyp Casinosta ei ole varmaa tietoa, mutta sen tiedän ainakin varmasti, että Razzle oli taivaassa. Kiitos siitä kuuluu Motley Cruen Vince Neilille.

Mutta se keikka oli hunajaa. Hittiputki oli uskomaton ja tietysti 11th Street Kids kuultiin myös. Kun Andy alkoi soittaa biisin kitaraintroa tunsin vatsanpohjassani oudon tunteen. Se oli se tunne, joka yllättää silloin kun kokee jotain, mitä ei ehkä muistanut enää olevankaan. Ei ehkä mikään tietty tai selitettävissä oleva asia, vaan tunne, muisto, olotila tai jokin muu sellainen jostain kaukaa menneisyydestä. Musiikki herättää minussa helposti näitä tuntoja. Seurauskin oli arvattavissa - itku tuli. Ei kai se keikalla itkeminen ole vain pikkutyttöjen etuoikeus. Tai ehkä se sittenkin oli, tarkemmin ajateltuna, vain ankaran bailaamisen aiheuttamaa silmäkulmaan kihonnutta hikeä. Niin sen täytyi olla.

Väkisinkin keikan aikana tuli mietittyä mihin Hanoi Rocks olisikaan päässyt, jollei tiettyjä yhteensattumuksia ja välirikkoja olisi tapahtunut. Mutta ehkä niiltä ei voinut välttyäkään. Ehkä näin oli kirjoitettu. Mutta jos näin ei olisi ollut kirjoitettu, niin olen satavarma siitä, että Hanoi Rocks olisi tehnyt sen lopullisen kansainvälisen läpimurtonsa hyvinkin pian. HIM ja Nightwishkin ovat sen jo melkein tehneet, mutta uskon ja väitän, että siihen kulttimaineeseen ja legendan asemaan ne eivät koskaan pääse mihin Hanoit yltivät. Hanoit elivät Rock'n'Roll-elämää ja se Rock'n'Roll-elämän kanssa käsi kädessä kulkeva tietynlainen vaarantunne seurasi alati mukana.

J. J. CALE / ERIC CLAPTON - COCAINE

(1976 / 1977)

Jostain ihmeen syystä rock-kulttuurissa on aina ihannoitu itsetuhoisia hahmoja. Liian aikaisin lähteneitä oman elämänsä hallinnan menettäneitä "sankareita", jotka omilla hölmöilyillään tekivät itsestään kuolleita legendoja. Sellaisia kuin vaikka nämä maailman kuuluisimmat kaksseiskana itsensä ulos pelanneet Jimi Hendrix, Janis Joplin ja Jim Morrison. Jälkeensä he jättivät paljon kuolematonta musiikkia ja suuren määrän itkeviä faneja, joista useat vieläpä hyväksyivät sokeasti idoleidensa addiktiot. Tämä alensi huomattavasti sitä kynnystä heidän itsensäkin lähteä samalle tielle. Se ikäänkuin kuului asiaan ja fanittamiseen. Sitäpaitsi se oli coolia. Ainakin oman aikansa, eli niin kauan kunnes se ei ollut enää hauskaa. Eikä se ollut pitkä aika.

On varmaan pitkälti totta sekin, että ilman alkoholia ja muita hallusinogeenejä olisi monen artistin discografia ollut hyvinkin erilainen. Parempi? Ehkei, mutta taatusti erilainen. Ainakin pidempi, sillä nuo edellämainitut ruumiitkin saattaisivat hyvinkin olla vielä tänä päivänäkin elossa ja keikkaa heittämässä jos elintapansa olisivat olleet hieman toisenlaiset.

Tositarinoita tällaisista edelleen keikkailevista selviytyjistäkin toki on. Otetaan nyt esimerkiksi vaikka Eric Clapton. Hän hilasi itsensä ylös vähintään yhtä pahasta huumehelvetistä kuin missä edellä kerrotut korventuivat. Hänelläkin kuluivat 60-luvun loppu ja 70-lukukin aika pitkälle houruisessa ja huumeisessa maailmassa, jossa ei huomisesta aina ollut takuuta. Jossain haastattelussa Clapton on kertonutkin, että oli ajoittain niin ulkona kaikesta, ettei edes muista noilta vuosilta juurikaan mitään. Hänen pelastustaan edesauttoi se, että hän pysyi elossa nuo hulluimmat vuodet. Siinä vaiheessa hänestä oli tullut jo niin kuuluisa ja tuottoisa artisti levy-yhtiöllekin, että hänet piti pitää elossa vaikka väkisin. Häntä roudattiin klinikoille, terapiohin ja kauas kaikesta pahasta eristyksiin hoitoihin, jotka olivat niin kalliita, että kellään tavallisella kuolevaisella ei olisi sellaisiin edes varaa.

Pitkän taistelun ja useiden vieroituskertojen jälkeen Clapton sitten viimein pääsikin huumeista eroon, mutta siitä huolimatta päihdeongelmat jatkuivat vielä pitkälle 80-luvulle saakka. Huumeet kyllä sittemmin jäivät, mutta hän taisteli sen jälkeen vielä pitkään alkoholismia vastaan. Tätä nykyä hän on kirjansa mukaan raitistunut, mutta kuten sanotaan: Kerran alkoholisti, aina alkoholisti. Kai se pätee narkkareihinkin.

Kuten tiedetään, niin näitä samoja hoitoja ovat vuosien aikana kiertänyt myös lukematon määrä monia muita rikkaita rokkareita, poppareita, näyttelijöitä ja ynnä muita julkkiksia. Kaikilla heillä on ollut varaa irrottaa hoitoihin mittaamattomia summia. Ehkä sen lisäksi hoitoja ovat vielä muutkin tahot maksaneet. Tai ainakin välillisesti sponsoroineet. Eikä fanien tuestakaan ole varmasti ollut pulaa. Se ei varmaankaan ole ollut rahallista, mutta selviämisen kannalta vähintään yhtä tärkeää henkistä tukea. Voisiko näitä kuuluisia pohjalle pudonneita kärjistää siinä mielessä jopa etuoikeutetuiksi narkomaaneiksi. V.I.P.:s. Eivät ole kaikki narkkaritkaan samalla viivalla.

Tässäpä onkin suurin ero näiden rikkaiden ja kuuluisien narkkarien hoidossa verrattuna tavalliseen kadun tallaaja narkkariin. Ensin mainitulle löytyy kyllä apua, tukea ja rahaa, mutta se tavis saa pärjätä yksikseen. Saa ehkä ilmaiseksi puhtaita ruiskuja, mikä saattaa lisätä elinvuosia parilla, mutta jatkaa silti edelleen yhteiskunnan vastuuta hänen elämänsä jatkumisesta. Vastuuta, josta se haluaisi päästä eroon.

Claptonin huumeinen elämä alkoi 60-luvun puolivälissä. Pahimmilleen se alkoi äityä vuonna 1967 Creamin aikaan, jolloin hän omien sanojensa mukaan kokeili ensimmäisen kerran LSD:tä. Sen vuotisen levyn Disraeli Gearsin riemunkirjava kansikin kertoo omaa kieltään tästä asiasta. Siitä eteenpäin se olikin sitten menoa. Se kuului Creamin musiikissa, se näkyi valokuvissa ja myös konserttipätkissä, joissa Erkki on aika monessa silminnähden aivan pihalla. Samoin kuin koko muu Cream-joukkio, eli Ginger Baker ja Jack Bruce. Creamia ei kauan kestänyt, sillä se hajosi jo seuraavana vuonna, mutta huumeet eivät Claptonilta loppuneet. Seuraava kymmenvuotiskausi kului sekalaisissa seurakunnissa ja bändiviritelmissä, joista yksikään ei ollut pitkäikäinen: Blind Faith, Delaney & Bonnie & Friends, Derek And The Dominos, Plastic Ono Band. Kaikissa näissä oli mukana isoja, superstaroiksi luokiteltavia rock-tähtiä ja väistämättä mukana oli myös näitä edellä kerrottuja rock-elämän lieveilmiöitä. Clapton oli päässyt mukaan seurapiireihin ja mukana kulki luontevasti myös seurapiirihuumeeksi luokiteltava kokaiini.

Jos kerran halutaan olla kärkeviä ja moralisoivia Claptonia kohtaan, niin voidaan kysyä, että jos mies kerran on päässyt aineista eroon ja kampanjoi nykyään ennemminkin niiden vaaroista ja haitoista, niin miksi hän soittaa keikoilla edelleenkin yleisöä huudattaen biisiä nimeltä Cocaine. No ainakin siksi, että se on yksi Claptonin yleisesti tunnetuimpia ja toivotuimpia kappaleita. Konserteista moni poistuu pettyneenä, jos ei ole sitä kuullut. Niinpä ei sitä tavallaan voi olla soittamattakaan. Rock-tähdetkin ovat yleisön palvelijoita ja konserteissa heidän työnsä on antaa lipun ostaneille rahoilleen vastinetta. Bowiehan teki joskus sellaisen päätöksen, että lopettaa vanhojen hittien soittamisen, koska on itse kyllästynyt niihin. Lähes anteeksiantamaton erhe yhdeltä maailman suurimmista artisteista. Onneksi mies palasi pian järkiinsä ja ymmärsi kenelle hän oikeastaan hommaansa tekee. Fanit kiittivät.

Silloin vuonna 1977, kun Clapton Cocainen levytti, oli hän vieläkin aika kaman vietävissä. Hyvänä perusteena kappaleen levyttämisellehän riittää, että se on hyvä biisi ja Kläbä katsoi, että se sopi hänelle hyvin. Mikä onkin totta, mutta jollain tapaa se osoittaa nihilistin mielestä kuitenkin pientä arviointikyvyn puutetta. Narkomaani, entinen tai nykyinen, tekee kappaleen huumausaineesta, jonka sanoituksesta ei mitenkään käy suoranaisesti ilmi, että se on huumeidenvastainen. En tiedä, oliko se tästä listoillekin nousseesta, maailmankuulusta biisistä lähtöisin vai mihin asti pitää mennä, mutta näihin aikoihin alkoi katukuvaan ilmestyä Coca Colan logosta mukaeltuja Cocaine t-paitoja ja ne eivät ainakaan olleet huumeidenvastaisia. Pitäjiensä mielestä ne olivat varmasti hauskoja vitsejä. Samoin kuin ne Adidaksen logosta varioidut kannabislehtikuvioiset paidat ja rintamerkit. Valistaminen on vaikea laji ja rautalangasta taivutettunakin sen tarkoitus kääntyy joskus päinvastaiseksi.

Aikoinaan Clapton vakuutti kivenkovaa, että Cocaine ei ole huumelaulu. Haastatteluissa hän kertoi sen olevan anti-drug song. Kreikasta peräisin oleva anti-etuliitehän merkitsee asioiden vastustamista tai vastakohtaa kulloistakin pääsanaa kohtaan. Tässä tapauksessa huumeita. Se kun ei vaan millään mielestäni suoranaisesti selviä sanoituksesta. Pikemminkin kappaleessa cocainea tarjotaan vähän niin kuin rentoutumista ja vapaalle heittämistä varten. "If you want to hang out, you've got to take her out, cocaine" ja "When your day is done and you got to run, cocaine." Jonkin asteisen vitutuksen hoitoonkin cocaine kelpaa: "If you got bad news, you want to kick them blues, cocaine." Tai sitten:" If your thing is gone and you wanna ride on, cocaine". Niin että Eric, miten näistä saa huumeidenvastaista? Joskus hän perusteli sitä vastaisuutta kertomalla, että laulun tärkein rivi löytyy sen alusta. "If you wanna get down, down on the ground" kertoo kappaleen sanomasta sen olennaisimman. Näin varmaaan onkin, jos sen haluaa niin ottaa. Laulun muu sanoitus ei kuitenkaan enää puolla ensilauseen sanomaa. Erkki selittelee, väitän minä. Kappaleen viimeinen rivi tosin voisi kuitenkin olla enemmänkin asioita kyseenalaistava ja helpommin yhdistettävissä huumeiden vaaroihin ja valistukseen: "Don't forget this fact, you can't get it back". Toisin sanoen: Haluatko heittää elämäsi hukkaan? Voi olla ettet saa sitä enää koskaan takaisin. Jos asia näin tulkitaan, niin sittenhän sanoitus alkaa vaikuttaa jo anti-drugilta.

Mutta hei! Oikeastaan tätä huumelaulukysymystä ei pitäisi kysyäkään Claptonilta, vaan siltä mieheltä itseltään, jonka kitarasta Cocaine on alunperin lähtöisin: J. J. Calelta. Hän sävelsi, sanoitti ja levytti kappaleen neljännelle levylleen Troubadour vuonna 1976. Calen ei ainakaan tiedetä olleen huumeiden käyttäjä, mikä ei ehkä kuitenkaan suoranaisesti poista sitä mahdollisuutta, etteikö hänkin olisi joskus kokeillut. Se kun tuntui olevan enemmänkin sääntö kuin poikkeus tuohon aikaan.

Oli miten oli, niin hänenkin vastauksensa huumekysymykseen on Claptonia myötäilevä: Cocaine on huumeiden vastainen ja niiden vaaroista valistava laulu. Siihen se on uskominen, vaikka ainahan voi asioita kyseenalaistaa ja miettiä, että voisiko Calen kaltainen kunniallinen kaveri muuta sanoakaan. Siitä huolimatta, että olisikin tosiasiassa kappaleen tehnytkin muussa mielessä. Ei vaan, minä uskon kyllä J. J.:tä. Vuonna 1938 syntynyt kaveri oli tuohon aikaan jo lähes nelikymppinen, joten typerimmät nuoruuden näyttämisen ja kokeilemisen halut olivat jo varmasti takanapäin. Varmasti hänkin oli pitkään piireissä pyörineenä nähnyt monenlaista asian tiimoilta, mutta oli itse fiksusti pysytellyt asian yläpuolella. Ehkäpä jopa Claptonin sekoiluillakin oli osansa Cocainen syntymiseen.

Tulsassa syntynyt John Weldon Cale oli nuorempana liikkunut paljonkin musiikkiympyröissä, sillä hänen ensimmäiset levytyksensä sijoittuvat niinkin pitkälle, kuin peräti 50-luvun lopulle. Johnny Calena esiintynyt kitaristi lyhensi myöhemmin nimensä J. J.:ksi erottuakseen Velvet Undergroundin John Calesta, joka taas oli satavarmasti vedellyt sisäänsä huumeita laidasta laitaan.

60-luvun puolivälissä J. J. Cale muutti Los Angelesiin missä hän elätti itseään paljolti studiomuusikon hommilla. Rahasta oli pulaa hän asustelikin vuosia asuntovaunussa. Omia biisejäkin oli kertynyt, mutta levytyssopimusta ei tahtonut millään syntyä. Kaikki alkoi kuitenkin yllättäen muuttua, kun Englannista Amerikan vierailulle tullut Eric Clapton kuuli sattumalta kappaleen After Midnight demoversion. Kävikin sitten niin, että Clapton meni itse studioon ja levytti kappaleen soolouransa ensimmäisenä singlenä, eikä Cale itse tietänyt tässä vaiheessa asiasta vielä mitään. Hän oli edelleen köyhä trubaduuri, jota ei menestys ollut juurikaan kohdannut. Claptonin versio After Midnightista muutti kuitenkin kaiken. Kappaleesta alkoi tulla teostotuloja ja Claptonin avustuksella Cale sai nimeään kuuluville sen verran, että se johti vihdoin levytyssopimukseenkin.

Ensimmäinen J. J. Cale-levy Naturally ilmestyi 1972 ja siitä tuli heti menestys. Miehen kitaransoitto oli yksinkertaista, mutta lähes ennekuulumatonta. Se ei ollut countryä, se ei ollut bluesia, ei folkia, eikä se ollut ihan pelkkää rokkiakaan, mutta se oli kaikkia niitä yhdessä ja vielä jotain muutakin. Calen persoonallinen käheä laulutapa loi myös musiikille omaleimaisen maanläheisen särmän. Tie oli vihdoin auki.

Neljä vuotta myöhemmin ilmestyi sitten se neljäs LP, Troubadour, jolta Cocainekin löytyi. Nyt jo Calen kanssa ystävystynyt Clapton kertoi myös haluavansa levyttää kappaleen tulevalle Slowhand-levylleen. Lupa tuli ja Cocaine sijoitettiinkin paalupaikalle levyn ensimmäiseksi kappaleeksi, jossa se sai kunnian aloittaa monien mielestä Claptonin soolouran parhaan levyn. Levyltä löytyy mm. (Laylan lisäksi) pari miehen suurinta hittiä, jotka suuri yleisökin tuntee, Cocaine ja Wonderful Tonight. Siitä lähtien molemmat biisit ovat kuuluneet myös Claptonin keikkaohjelmiston peruskiviksi. Tosin 90-luvulla raitistuttuaan Clapton kuitenkin lopetti joksikin aikaa Cocainen soittamisen keikoilla kokonaan. Ehkä hän mietti asian moraalista puolta. Yleisö kuitenkin kappaletta jatkuvasti kärtti ja kun hän itsekin kertoi ikävöineensä sen soittamista hän viimein keksi ratkaista tilanteen kolmella lisäsanalla. Hän lisäsi lauluun sanat

"That dirty cocaine". Ja kas, Cocaine alkoi löytyä taas soittolistalta. Viime vuosina ilmeisesti myös kertosäkeen "She don't lie, cocaine" on muuttunut "She don't like cocaineksi". Tämän olin itse havaitsevani kuunneltuani Youtubesta paria tuoreempaa livetaltiointia.

Eric Claptonista tuli siis maailmantähti. Hän vihdoin viimein selätti riippuvuusongelmansa ja perusti asian ympärille vieroitusklinikankinkin vuonna 1998. Paikka sijaitsee Antiquan saarella Karibian merellä, mistä onkin helppo päätellä, että ihan kenelle tahansa ongelmaisille paikka ei ole tarkoitettu. Eikä pelkästään sijaintinsa vuoksi. Aina silloin tällöin hän kerää bändin ympärilleen ja lähtee taas kiertueelle kiertämään maailmaa ties monettako kertaa. Menestys on aina taattu ja suuremmatkin areenat täyttyvät, vaikka mies ei mikään loistava lavaesiintyjä olekaan. Musiikilliset meriitit puhuvat kuitenkin puutteen puolesta ja varmasti ainakin nostalgikot, bluesfanit ja kitarafriikit saavat keikoista irti sen mitä ovat menneet sieltä hakemaankin. Muista en olisi ihan varma.

J.J. Calesta ei koskaan tullut maailmankuulua artistia. Tai tuli ehkä maailmankuulu, muttei kuitenkaan mitään megatähteä niin kuin Claptonista. Mutta se arvostus mitä hän nautti musiikki- ja muusikkopiireissä oli yksimielistä. Tätä juttua kirjoittaessanikaan en törmännyt yhteenkään poikkipuoliseen sanaan tai negatiiviseen kommenttiin J.J. Calen urasta ja persoonasta. Claptonia kyllä arvosteltiin useastikin, mutta J.J. sai olla rauhassa. Ehkä hän sen ansaitsikin. Hän ei koskaan halunnut ollakaan enempää kuin mitä oli.

J.J. Calen mittavaa, yli 50 vuotta kestänyttä uraa ei myöskään ole ikuistettu kirjan kansien väliin. Aika outoa, kun tänä päivänä elämänkertoja kirjoitellaan jo alle kaksikymppisistä yhden levyn tehneistä artisteistakin. Vai olisiko tässäkin takana se, että Cale oli ihmisenä liian tavallinen. Hän ei elänyt sellaista elämää mitä kuuluisan muusikon ehkä odotetaan elävän. Hän oli tavis ja sellainen hän halusi ollakin. Hän esimerkikisi asusteli parikymmentä vuotta elämästään asuntovaunussa, vaikka rahaa olisi ollut jo siinä vaiheessa enempäänkin. Viimein vasta 80-luvun lopulla hän osti ensimmäisen oman asuntonsa. Sekin oli suhteellisen vaatimaton perusasunto Escondidossa, San Diegon kaupungin pohjoispuolella. Se jäi myöskin hänen viimeiseksi asunnokseen.

J.J. Cale kuoli sydänkohtaukseen 26.7. 2013. Hän oli 74-vuotias. Vaikka hänestä ei koskaan suurta maailmankuulua artistia tullutkaan, niin silti lukuisat suuretkin tähdet nimeävät hänet esikuviensa joukkoon. Niin biisintekijänä kuin kitaristinakin. Clapton etunenässä. Vaikka hänkin taikoo kitarastaan sellaisia ääniä kuin itse tahtoo, niin silti hän ei omien sanojensakaan mukaan oppinut koskaan soittamaan kuin Cale. Siihen pystyi vain Cale itse ja siihen tarvittiin muutakin kuin soittotaitoa. Se oli varmaan jotain mikä löytyi John Weldon Calen korvien välistä. Sieltä se välittyi käsien kautta sormiin ja siitä kitaraan. Englannin kielessä hänen soittoaan ja musiikkiaan yleisestikin on kuvattu sanalla laidback. Synonyymejä sanalle voisivat olla rento, rauhallinen, kiireetön. Kaikki hyvin kuvaavia adjektiiveja J.J. Calen musiikille.

Itse hän vertasi joskus omaa soittoaan Billie Holidayn lauluun. Vertaus on kieltämättä aika osuva kun sitä tarkemmin ajattelee. Billien laulutapa oli laiskanomainen ja laahaava, mutta missään tapauksessa tunnetta, läsnäoloa tai asialle omistautumista siitä ei puuttunut. Samanlaisilla adjektiiveilla voisi kuvailla myös J.J.:n soittoa. Pitää kuitenkin ymmärtää, että näissä tapauksissa laiskanomainen ja laahaava ovat positiivisia laatusanoja. Tietenkin myös rytmi oli olennainen elementti Calen soitossa. Sellainen ratsastava rytmi, mikä saa ihmiset nyökyttelemään huomaamattaan päätään tai muuten vaan hytkymään soiton mukana. Seuratkaapa, tehkää testi.

Suomen J.J. Cale on epäilemättä J. Karjalainen. Etenkin hänen alkuaikojensa levyillä Calen vaikutus on selvästi havaittavissa. Tämän on kertonut Jii itsekin. J.J. Cale on ollut yksi hänen uransa suurimmista vaikuttajista. Myös yksityiselämässään persoonat lienevät ainakin osin aika samanlaisia. Kummankin siviilielämä ja muut siihen liittyvät jutut ovat pysyneet lähes täysin julkisen elämän ulkopuolella. J. Karjalainenkaan ei ole antanut aihetta otsikoihin muuta kuin musiikkinsa puolesta. Eikä ole muuten J. Karjalaisestakaan tietääkseni kirjoitettu kirjaa.

Muutama kotimainen coverin on Calen biiseistä tehty. Kingston Wall ja Vilperin perikunta esimerkiksi ovat niihin tarttuneet. Kuuluisin on kuitenkin Kari Peitsamon vuoden 1980 versio Cocainesta. Kari kirjoittautui sanoituksessaan irti huumehommista ja kertoi laulussa tarinan taksikuskista nimeltä Ilpo.

Oikeastaan on vähän jopa yllättävää, ettei Cocainea ole tämän enempää levylle coveroitu. Kyseessä on kuitenkin omanlainen rock-standardi, jota varmasti sadat kellaribändit ovat tässäkin maassa veivanneet. Kuulemma sitä on kiva soittaakin. Vai olisiko Cocaine sittenkin suojeltua omaisuutta, jonka esittämiseen jaellaan lupia vain vakaasti harkiten. Kuinkahan Peitsamo ne siinä tapauksessa sai? Voisi toki olla myös, että lauluun on enää vaikea tuoda mitään uutta. Siinä periaatteessa on jo kaikessa yksinkertaisuudessaan kaikki oleellinen. Silloin sitä enää on ihan turha laittaa levyntäytteeksi kun paremmaksi ei voi enää pistää. Ehkä juuri tällä perusteella Kari Peitsamo sen levyttikin. Hän ymmärsi olla puuttumatta siihen muuten kuin sanoituksen osalta. Kari on rock-mies, joka ymmärtää rock'n'rollin juuret. Hän tietää mikä on pyhää, mitä ei saa muuttaa ja mihin ei saa koskea. Ilpo on näin ollen ihan hyvä coveri.

JANIS JOPLIN – ME AND BOBBY McGEE

(1970)

Kris Kristoffersonin yhdessä Fred Fosterin kanssa tekemä laulu Me And Bobby McGee levytettiin ensimmäisen kerran vuonna 1969 kantritähti George Millerin toimesta. Se nousi Amerikan country-listalla sijalle 12. Hyvä biisi tunnistettiin heti ja seuraavan parin vuoden aikana siitä tehtiinkin jo kymmenkunta kantriversiota. Mainittavimpia niistä olivat säveltäjän itsensä esitys ensimmäisellä soololevyllään sekä kanadalaisen Gordon Lightfootin vähäeleinen akustinen tulkinta. Jälkimmäistä monet pitävät edelleenkin parhaana versiona tästä kappaleesta, mutta haastajia on yllättävänkin paljon. Vuosien mittaan kappaleeseen ovat tarttuneet mm. Bill Haley, Johnny Cash, Dolly Parton, Grateful Dead, Gianna Nannini, LeAnn Rimes, Tori Amos, Pink ja monet monet muut.

Mutta varteenotettavin ja tunnetuin coverversio Me And Bobby McGeestä tehtiin jo heti ensilevytystä seuraavana vuonna, kun syksyllä 1970 sen levytti Janis Joplin. Hän oli jo pitkään esittänyt biisiä livenä ja kun oli huomattu kuinka hyvin se toimi ja sopi hänelle oltiin se päätetty myös levyttää. Räväkkänä rokkimimminä tunnettu Janis oli jo monta kertaa aiemminkin osoittanut joustavuutensa seesteisempiäkin tulkintoja vaativissa kappaleissa, mutta countrya hän ei ollut vielä koskaan laulanut.

Kuumimman hippikauden hieman laannuttua oli amerikkalainen rockmusiikki alkanut ottaa vaikutteita country- ja folkmusiikista.

Byrdsin vuoden 1968 albumi Sweetheart Of The Rodeo oli ensimmäinen todellinen countryrock-levy, joka löi läpi myyntilistoilla. Eivät countryvaikutteet olleet ihan vieraita olleet Byrdseille ennestäänkään yksittäisinä kappaleina, mutta nyt bändi tarjoili sitä ensi kertaa kokonaisen levyllisen verran.

Samoin 60-luvun lopun vaikutusvaltaisimman amerikkalaisartistin, Bob Dylanin, musiikki oli muuttunut miehen heitettyä akustisen kitaransa väliaikaisesti nurkkaan ja tarttuttua sähkökitaraan. Protestinen folk jäi taka-alalle ja musiikki muuttui enemmän rockiksi. Dylan alkoi ottaa enemmän vaikutteita bluesista ja myös countrystä. Kaikki vanhat folk-diggarit eivät sähköisestä Dylanista pitäneet ja sen takia miestä verrattiinkin selkänsä kääntäneeseen opetuslapseen, joka petti seurakuntansa.

Joillekin paatuneimmille dylanisteille Bob Dylan jopa kuoli heinäkuun 29. 1966 sattuneessa moottoripyöräonnettomuudessa. Heidän mielestään sairaalasta ei enää palannut sama mies, vaan kyseessä oli jonkinlainen klooni tai kaksoisolento. Levy-yhtiön juonia, pitäkööt väärän Dylaninsa he ajattelivat ja sulkeutuivat kammioihinsa kuuntelemaan Dylanin neljää ja puolta ensimmäistä albumia. Viidennen levyn Bringing It All Back Homen toinen puoli kun oli sähköinen ja toinen akustinen. Tämäkin seikka sai kiihkeämielisimmät uskottelemaan itselleen, että mies oli kuollut jo kesken viidennen levyn äänitysten.

Näitäkin juttuja on piireissä puitu siinä missä joitain muitakin 60-luvun käänteentekeviä tapauksia, kuten Kennedyn murhaa ja ihmisen kuussa käyntiä. Vankkoja todisteita on kaikista. Sekä puolesta että vastaan. Salaliittoteoriat ovat välillä niin kiehtovia, että olisi oikeastaan aika hienoa uskoa niihin kaikkiin. Silti luulen vakaasti, että se ainoa oikea ja alkuperäinen Bob Dylan elää edelleen.

Syksyllä 1970 Janis Joplin oli Los Angelesissa levyttämässä neljättä levyään uuden yhtyeensä Full Tilt Boogie Bändin kanssa. Hän oli pahasti huumekoukussa, mutta yritti parhaansa mukaan sinnitellä aineista eroon. Hänellä oli halua ja tahtoa, mutta ei voimia. Ja kaikkihan tietävät kuinka siinä sitten lopulta kävi. Oikeastaan se oli vain ajan kysymys, sillä siihen aikaan ei aineista ollut pulaa. Eikä etenkään Janiksen asemassa olevalle henkilölle niiden hankkiminen ollut edes vaikeaa. Vaikka lähipiirissä häntä yritettiinkin suojella houkutuksilta ei se aina onnistunut. Narkkari löytää kyllä sen hetken, sen ajan, paikan ja tilan jolloin saa olla hetken yksin. Sitten on taas kaikki hyvin - hetken aikaa.

Levytyssessiot etenivät kuitenkin hyvin. Kappaleita saatiin äänitettyä ja Janis lauloi helevetin hyvin. Ei hän muulla tavoin osannut laulaakaan. Hän oli levytyksissä hyvällä tuulella. Sen kuulee vaikkapa lokakuun ensimmäisenä päivänä äänitetystä kappaleesta Mercedes Benz. Janis vetää sen yksin ilman säestystä, eikä mistään voinut arvata, että kyseessä olisi hänen viimeisin levytyksensä. Ei edes siitä, että kappaleen lopuksi hän totesi iloisesti: That's it! ja käkätti janismaisesti päälle. Kolme päivää myöhemmin hänet löydettiin kuolleena hollywoodilaisesta hotellista.

Pearl ilmestyi seuraavan vuoden tammikuussa. Siltä löytyi kymmenen biisiä joista yhdeksällä Janis lauloi. Se kymmenes biisi oli instrumentaali nimeltä Buried Alive, jonka piti olla seuraava laulettava biisi, mutta viikatemies ehti väliin. Kuten usein tällaisten isojen tähtien postyymisti julkaistujen levyjen kanssa käy, niin kävi nytkin. Levy nousi Amerikassa ykköseksi ja viihtyi sillä sijalla parisen kuukautta. Maaliskuussa myös levyltä nostettu sinkku Me And Bobby McGee nousi jenkkilistalla parin viikon ajaksi kärkipaikalle pudottaen sitä viisi viikkoa hallinneen Osmondsien One Bad Applen ikuisiin unohduksiin.

Me And Bobby McGee on tarina kahdesta matkaajasta, jotka taittavat taivalta pitkin Pohjois-Amerikkaa kulloinkin saatavilla olevin kulkuvälinein. Heidän suhteensa on ilmeisen kiinteä, mutta välttämättä rakkaussuhde se ei ole. Sukupuoletkaan eivät laulusta täysin selviä ja esittäjästä riippuen Bobby onkin muuttunut aina tarpeen mukaan he:stä she:ksi. On jopa mahdollista, että he ovat samaa sukupuolta. Bobby nimeähän käytetään joskus myös naisista.

Esimerkiksi Roberta ja Barbara ovat nimiä, jotka joskus ovat taipuneet Bobbyksi. Samoihin aikoihin maineensa huipulla olleesta Roberta Lee Streeteristäkin tuli luontevasti Bobbie Gentry, eli Bobbie G. Mitähän Kris Kristofferson tähän sanoisi, vai onko kyseessä vain pieni tahaton sattuma? Niin tai näin, mutta matkalla nämä laulun vapaat sielut ovat olleet joka tapauksessa pitkään. Takanapäin maileja on taittunut paljon ja väistämättä jäljellä olevat ovat hupenemassa. Samalla ollaan tulossa kohti yhden aikakauden loppua laulun henkilöiden elämässä. Ajat muuttuvat, ihmiset muuttuvat, arvot muuttuvat.

Baton Rouge, Louisiana. Väsynyt ja voipunut olo. Yllä pariin kertaan kastuneet päällä kuivuneet vanhat rikkinäiset farkut ja polviin asti roikkuva takki. Suuntana rautatieasema, määränpäänä New Orleans. Junaankaan ei oikeastaan olisi varaa, mutta pummilla voisi yrittää. Kiinni jäämiseen sisältyy kuitenkin aina pieni riski. Rahattomille ja kodittomille se tietäisi putkayötä. Toisaalta taas varmaa yösijaa, mutta kovaa patjaa. Tien vartta kävellessä Bobby nostaa peukalonsa ylös. "Liftataan" hän sanoo "Kyllä joku ottaa kyytiin".

Taivas tummenee nopeasti. Kohta sataa. Kukaan ei uskalla ottaa kyytiin kahta ryvettynyttä hippiretkua. Pian tietä pitkin jyrisee tiepölyn värinen rekka. Auringon valossa sen nostattama pölypilvi kuitenkin leijuu kultaisena. Se ajaa ensin ohi, mutta pysähtyy sitten kuitenkin hitaasti parinkymmenen metrin päähän. "Minne matka?" "New Orleansiin." "Hypätkää kyytiin!"

80 mailia. Parin tunnin päästä perillä. Kuljettaja on mukava. Hän on itsekin paljon kiertänyt. Rekalla ajaminen on yksinäistä puuhaa. Liftareista saa juttuseuraa. Siksi hän meidätkin otti kyytiin. Hän ymmärtää meidänlaisiamme.

Kaivan takin taskusta huiviin käärityn huuliharpun ja alan soittaa. Hiljaa ja hitaasti. Surullista bluesia, johon Bobby ja kuljettajakin yhtyvät. Bobby kitaralla. Se on arvokkainta mitä hän omistaa. Laulamme mitä osaamme. Rekkamies kertoo tarinoita, me nauramme. Koko matkan New Orleansiin sataa.

Louisiana - Mississippi - Alabama - Tennessee - Kentucky... Tietä riittää. Kaupungit vaihtuvat. Rahatilanne, sattuma ja juna-aikataulut määräävät seuraavat määränpäät. Kulloinkin perillä levitämme bandanahuivin maahan, laitamme kivet sen kulmiin ja alamme soittaa. Moni jää kuuntelemaan ja heittää lähtiessään huiville taskunpohjalta kolikon kaksi. Joskus enemmänkin - pienempiä. Matka jatkuu.

Pitkän matkan perästä vihdoin Salinas, Kalifornia. Lämmin. Aurinko tuntuu hyvältä. Mereltä tuulee. Suolainen tuuli. Olemme olleet täällä pitkään. Pidempään kuin missään muualla pitkään aikaan. Kulkurielämä on raskasta. Joskus on pakko levätä. Täällä on hyvä olla. Meitä on täällä muitakin. Paljon saman henkisiä, kaltaisiamme, maata vaeltaneita, paikalleen jääneitä, mutta osa taas tien päälle lähteviä. Monta minua, monta bobbyä.

Aamulla herään ilman Bobbya. Vieressäni on hänen kitaransa. Tiedän heti, että hän on lähtenyt. Kitara on asetettu siihen hellästi lepäämään. Kaula tyynyllä, aivan kuin se nukkuisi vielä. Aivan kuin se ei vielä tietäisi, että isäntänsä on lähtenyt. Herätän sen hellästi, otan syliin ja alan näppäillä. Hiljaa, varoen, tunnustellen. Nimeän sen Bobbyksi.

Ikävöin häntä yhä. Vaikka hän minut jättikin hyvästelemättä, edes ilmoittamatta, en ole hänelle vihainen. Ymmärrän häntä. Matkoillamme meistä tuli yksi. Kaiken minkä koimme, kaiken minkä näimme, kaiken minkä saimme me jaoimme. Rahat, ruoan, juoman, peiton ja yösijan. Tunsimme toistemme ajatukset, vaikkemme niitä voineet tietääkään. Niinpä kun viimeisillä valtateillä lähestyessämme kohti Kaliforniaa laskevaa aurinkoa, tunsin kuinka Bobby alkoi muuttua. Hän oli kuin ennen, mutta ajatuksiin oli ilmaantunut uusi alue. Alue, jota en voinut tuntea, mutta vaistosin sen. Se oli jotain mihin minä en kuulunut. Tai ehkä olisin kuulunut, mutta se ei ollut mahdollista. Bobby tiesi sen, minäkin. Ehkä me olimme sittenkin kaksi.

Bobby halusi vapautta. Vapaitahan me olimme olleet kaikilla matkoillamme kuinka paljon niitä oli kertynytkään, mutta se oli ollut vapautta erilailla kuin Bobby nyt kaipasi. Meidän vapautemme oli ollut sitä, että meillä ei ollut mitään. Ei mitään menetettävää, paitsi toisemme. Mutta nyt Bobby oli alkanut haluta omaa vapauttaan. Omaa elämää, kiinteää, paikallaan pysyvää. Hän halusi kodin, paikan jossa asua. Hän halusi perheen, lapsia, enkä minä niitä pystynyt hänelle tarjoamaan. Joskus hän oli niistä puhunutkin. Muistan sen nyt, mutta silloin en osannut ottaa niitä vakavasti. Uskoin vaan, että hän on kuin minä. Ajattelee kuin minä: Huomiseen on vielä aikaa. Toivottavasti hän on löytänyt etsimänsä.

Jos Me And Bobby McGee olisi elokuva, se epäilemättä kategorisoitaisiin road movie-nimikkeen alle. Road moviehan tarkoittaa elokuvan lajia, jossa päähenkilöt ovat tien päällä menossa jostain jonnekin. Tai ehkä joissain tapauksissa eivät mistään eivätkä mihinkään. Syyt eivät välttämättä silloin ole olennaiset juonen kulun tai perimmäisen tarinan kannalta. Näin on Bobby McGeessäkin. Henkilöt ilmaantuvat kuvaan kesken matkan, eikä lähtöpaikasta ole tietoa. Tuohon aikaan oli "muodikasta" olla matkalla Jack Kerouackin saman nimisen (Matkalla, On The Road) hippiraamatun mukaisesti. Vaellella satunnaisesti pitkin Pohjois-Amerikan mannerta etsimässä todellista Amerikkaa ja sisäistä itseään.

Road movieiden tärkein elementti on liike. Maiseman pitää vaihtua ja tuoda eteen uusia haasteita ja yllätyksiä. Tylsäähän se olisi jos kaikki menisi niin kuin on suunniteltu. Kuka sellaista jaksaisi katsoa.

Liikkeen lisäksi, ja oikeastaan jo ennen sitä pitäisi mainita lähteminen. Sillä ilman matkaan lähtemistähän ei olisi tietysti liikettäkään. Veikko Aaltonen Juipin roolissa kiteyttää tämän kuolemattomalla repliikillään Mika Kaurismäen elokuvassa Arvottomat: "Tärkeintä on lähteminen". Arvottomat on kotimaisen road movie-perinteen merkkipaaluja. Kuten myös toinen Mikan ohjaama elokuva Rosso. Velipoikansa Akikin ohjasi road movie-teemaisen elokuvan Leningrad Cowboys Go American, jota käytiin ihan paikan päällä kuvaamassa.

Ensimmäisenä kotimaisena road-moviena pidetään Matti Kassilan elokuvaa Lasisydän vuodelta 1959. Mutta mielestäni jo aiemmin 50-luvulla tehdyt Rovaniemen Markkinoilla (1951) ja Lentävä Kalakukko (1953) ovat ainakin aika lähellä road movieta. Jälkimmäisessä matkanteko tapahtuu tosin raiteita pitkin, mutta siitä huolimatta. Katsokaa itse ja todetkaa. Rillumarei on kuitenkin edellä mainituille leffoille se kansallisempi nimitys, mutta ehkä rillumarei onkin road-movien alalaji. Siinäpä jollekin elokuva-alan tohtorille puitavaa.

Paljon muitakin road movieita on Suomessa tehty ihan näihin vuosiin asti: Tie Pohjoiseen, Esa Ja Vesa - Auringonlaskun Ratsastajat, Rumble ja joitain muitakin. Eikä saa unohtaa Veikko Huovisen kirjaan perustuvaa Lampaansyöjiäkään 70-luvulta. Siinä vasta leffa. Mutta siirrytään jo pikkuhiljaa takaisin Amerikan mantereelle ennen kuin karataan liikaa aiheesta. Siellä tehdyt road moviet ovat hieman lähempänä sitä todellisuutta, mitä Me And Bobby McGeessäkin on haettu.

Maailman tunnetuin road movie on epäilemättä Dennis Hopperin ohjaama Easy Rider. Hän itse ja Peter Fonda esittivät siinä pääosat. Elokuvan Road Movie-teemat kulkevat edellä määriteltyjä reittejä. Päähenkilöt ovat lähteneet Los Angelesista moottoripyörillä matkaan määränpäänään New Orleansin Mardi Gras-juhlat. Matka taittuu Yhdysvaltain eteläosissa läpi Arizonan autiomaiden New Mexicoon, läpi laajan Texasin ja päätyen viimein Louisianaan ja New Orleansiin. Tien päällä kaikki on hyvin. Pyörän päällä he ovat vapaita, mutta pysähdyksissä Amerikka näyttää toisenlaiset kasvonsa. Köyhyyttä, kurjuutta, vihaa, väkivaltaa ja suvaitsemattomuutta.

Easy Riderissa on helppo nähdä yhtymäkohtia myös Me And Bobby McGeehen. Alkaen vaikka vuodesta 1969, jolloin molemmat saivat ensiesityksensä. Laulun alussa Bobby ja laulun kertojahahmo ovat matkalla New Orleansiin. Sinne ovat myös Easy Riderin Captain America ja Billykin menossa. Olisivatkohan mahdollisesti jopa törmänneet toisiinsa. Elokuvan soundtrackilläkin on paljon samankaltaista musiikkia. Mm. sitä Byrdsiä, mistä jo aiemmin oli puhetta. Ballad Of Easy Rider esimerkiksi on sanomaltaankin hyvin samanhenkinen kuin Me And Bobby McGee.

Toinen tärkeä road movie, joka myös vaikutti Me And Bobby McGeen syntyyn tuli yllättäen Italiasta. Federico Fellinin elokuva La Strada nähtiin valkokankaalla ensi kerran jo 1954. Siinä voimamies Zampano kulkee avustajansa Gelsominan kanssa pitkin Italiaa, nimettömissä kaupungeissa esittämässä kahleenkatkaisuohjelmanumeroaan. Tie on pitkä ja pölyinen, eikä sillä ole alkua eikä loppua. Kris Kristofferson on itse kertonut, että elokuva teki aikanaan häneen suuren vaikutuksen ja Me And Bobby McGeetä tehdessään hänen mielessään pyöri La Stradan loppu. Siinä Zampano lähtee pois ja jättää Gelsominan nukkumaan aurinkoon, lämpimään, trumpetti vierellään. Hän ei haluaisi tehdä niin, mutta hän myöskin tietää, että näin pitää tehdä. Hän itse oli kahliutunut voimamiehen rooliinsa ikuisesti, mutta Gelsominalla oli vielä mahdollisuuksia vapauteen ja muunkinlaiseen elämään.

Elokuvan viimeisessä kohtauksessa Zampano saa vihiä Gelsominan myöhemmistä vaiheista kun pyykkejä ripustava nainen hyräilee elokuvan tunnussäveltä. Hän itse on päätynyt kiertävän sirkusseurueen ohjelmanumeroksi.

La Stradan tunnusmusiikki on yksi maailman tunnetuimpia elokuvakappaleita ja se sijoittuukin lähes poikkeuksetta jokaisessa elokuvamusiikkiäänestyksessä kympin kärkeen.

Ainakin kerran on Me And Bobby McGeekin soinut elokuvamusiikkina. Kyseessä on hieman erilainen road movie nimeltään The Last Movie. Oikeastaan enemmän kuin road movie, kyseessä on länkkäri, jossa liikkuminen tapahtuu hevosilla. Jos aikaisemmin rinnastin rillumarein road movieen, niin nyt rinnastan siihen länkkärit. Kaikenlaiset uudisasukas- ja karjan ajo-leffathan täyttävät kaikki road movieiden kriteerit. Samoin kuin ne kaikista kuuluisimmat spagettiwesternit Vain Muutaman Dollarin Tähden ja Hyvät, Pahat Ja Rumat, joissa matkataan pitkät matkat. Hevosilla tietysti ja vähän junallakin. The Last Movien ohjasi Dennis Hopper, jolta oli ilmeisesti kadonnut todellisuudentaju Easy Riderin huikean menestyksen myötä. Hän lähti 1971 Peruun filmaamaan seuraavaa elokuvaansa. Mukaansa hän otti näyttelijäkaartin, johon kuului myös Kris Kristofferson. Hän sai Last Moviessa ensimmäisen pienen elokuvaroolinsa esittäen laulun siinä itseään kitaralla säestäen. Esitys on hämmentävän hidas ja laulukin tulee mongertaen mukana, mihin saattaa olla selityksenä Andien rinteiden alavilla mailla kasvavat kannabiskasvit, joita joidenkin lähteiden mukaan käytettiin elokuvan teon aikana suuria määriä. Tuloksena oli elokuva, joka on listattu mm. kirjaan The 50 Worst Movies Of All Time. Elokuvaa ei kauaa teattereissa esitetty, kun se vedettiin takaisin ja piilotettiin kellareihin. Sen jälkeen meni melkein kymmenen vuotta ennen kuin Dennis Hopper pääsi ohjaamaan seuraavan elokuvansa.

Toisaalta en kyllä tiedä mihin tässä pitäisi uskoa, kun joissain arvosteluissa elokuvalle on kuitenkin isketty neljääkin tähteä ja kehuttu sen monitahoisuutta ynnä muuta. Sitä ei ole ikinä julkaistu DVD:llä, mutta jokainen voi tehdä siitä omat johtopäätöksensä, sillä se löytyy kokonaisuudessaan Youtubesta. Itse en sitä ihan kokonaan jaksanut tietoneen ruudulta toljottaa, mutta paljon samanlaisia, sekavia kohtauksia kuin Easy Riderissakin, joka on muuten nykymittapuun aika tylsä ja sekava leffa, mutta kertoo kyllä jotain omasta aikakaudestaan.

Mitä tapahtui Bobby McGeelle myöhemmin. Alkuperäiset sanat eivät sitä kerro, mutta jos Raittisen veljeksiä on uskominen, niin Bobby jatkoi reissaamista ja päätyi aina Suomeen saakka. Eero ja Jussi Boyseineen törmäsivät kaveriin 1972 jossain Äänekosken ja Kokkolan välillä missä he pääsivät liftaamaan saman rekan kyytiin. Sieltä matka jatkui Kaustisille, Lappiin, Karjalaan ja vielä

Nurmekseen mistä Bobby lähti taas omille teilleen. Siitä eteenpäin kaikki on hämärän peitossa. Vähintään yhtä yllättävää kuin Bobbyn Suomeen tulo on se mistä hän tänne saapui. Vuotta ennen Raittisia Seppo Kohvakka niminen kaveri oli nimittäin levyttänyt Dave taiteilijanimellä saman laulun mutta hieman eri sanoilla. Dave oli matkannut Bobbyn kanssa pidempiä matkoja kuin Janis ja Raittiset yhteensäkään. Hän nimittäin kertoo laulussaan heidän yhteisen kesänsä kuluneen kulkien halki mannerten. Yksittäisiä paikkoja ei laulussa mainita kuin yksi ja se on Tokio. Laivaankohan liftasivat, sillä tuskin heillä ainakaan lentokoneeseen oli varaa.

Vallan toisenlaisen tarinan heittikin sitten Turo's Hevi Gee vuonna 1999. Mie Ja Turo's Hevi Gee kertoi tarinan jostain bändin ulkopuolisesta hemmosta, joka liftasi tutussa paikassa nelostien ja Kokkolan välillä. Hän pääsi ruosteen värisen ja kallellaan kulkevan bussin kyytiin, joka osoittautui Turojen keikkabussiksi. Siellä hän kohtasi perin kummallisen kaljaa ja tupakkaa pummivan porukan ja päätyi lopulta vielä bändin keikallekin. Keikan jälkeen kaveri oli huutanut bändille "We want more", mikä antaisi ymmärtää, että kyseessä oli ehkäpä englantia äidinkielenään puhuva henkilö. Kenties amerikkalainen. Ehkä se olikin hän itse, mies matkoillaan, peukalo pystyssä. Raittisen veljeksetkin olivat hänet todistetusti tuolla tieosuudella nähneet. Sen täytyi olla Bobby McGee!

POLICE – ROXANNE

(1978)

Mies on nähty ennenkin punaisten lyhtyjen alueella. Hän on nuori vielä. Kokematon ja koskematon. Vaikka hän onkin tuttu näky kulmilla, hän ei ole paikalla seksin takia. Ainakaan suoranaisesti. Mielessään hän on kaiken sen ulottumattomissa ja toimiaan ohjaa rakkaus. Näin hän itse uskoo.

Rakkauden kohde on yksi alueen tytöistä - tyttö nimeltä Roxanne. Roxanne on nuori, puhdas, valkoinen. Hän ei ehkä ole vielä kauan kaupannut itseään, sillä mies uskoo edelleen tämän viattomuuden olevan pelastettavissa. Sen hän haluaisi tehdä, mutta ei ole uskaltanut lähestyä tyttöä.

Roxanne on tiedostanut miehen läsnäolon. Samoin kuin muutkin alueen tytöt. Miestä pidetään outona. Hän ei ole koskaan lähestynyt yhtäkään tytöistä.Hän luikkii pakoon, jos joku yrittää häntä lähestyä. Usein tytöt tekevätkin niin kiusallaan ja nauravat tälle takana päin. Mutta Roxanne ei koskaan. Hän käyttäytyy kuin miestä ei olisikaan. Hän tietää kuka tämä on.

Mies rakasti Roxannea jo lapsena. Hän tiesi, että se ei ollut ehkä sopivaa, mutta nuoren miehen vietti oli vahva. Myös Roxannella oli tunteita miestä kohtaan, mutta rakkautta se ei ollut. Hän vain piti miehestä, niin kuin toisesta pidetään silloin kun ei rakasteta. Vain pidetään, mutta minkä toinen voi tulkita väärin.

Mutta kuten aina. Tytöt kasvavat kypsyyteen poikia nopeammin. Roxannekin kypsyi, kasvoi ja haihtui hiljalleen omaan elämäänsä nuoren miehen maailmasta. Mutta jätti arven, joka vuoti yhä.

Joskus myöhemmin, sattumalta, mies näki Roxannen kadulla. Roxanne ei nähnyt miestä. Mies seurasi Roxannea tämän kotiin. Hän jäi odottelemaan ulkopuolelle. Kun Roxanne illalla lähti uudelleen ulos mies ei ollut enää tuntea tätä. Hän pysytteli kävelymatkan ajan näköetäisyyden päässä naisesta. Perillä, määränpään selvittyä, selvisi myös paljon muuta. Mies purskahti itkuun. Sivukadulla, roskikseen nojaten, hän vuosi kyyneleet likaiselle kadulle. Rakkaus Roxanneen ei ollut laantunut.

Eipä se taida olla yksi, eikä kaksi kertaa kun miehet ovat rakastuneet prostituoituun. Niin on tainnut käydä tässäkin tapauksessa. Tosin tuossa kuvitteellisessa kertomuksessa on pohjimmiltaan kyse jostain muustakin. Mutta kuten yleensä näissä jutuissa, niin tälläkin kertaa, rakkaus jää kovin yksipuoliseksi. Toinen osapuoli saattaa olla siitä joskus jopa täysin tietämätön.

Oli vuosi 1977 ja Police oli esiintymässä Ranskassa pienimuotoisella kiertueella. Aika oli ennen bändin suurta läpimurtoa, joka odotti tuloaan noin vuoden päässä. Pariisissa, jossain hotellin lähettyvillä sijaitsi yksi Pariisin monista ns. punaisten lyhtyjen alueista. Sinne vei nuorten nousevien rock-tähtienkin tie jonain iltana. Näin kuvittelisin.

Kokemus oli ilmeisen ajatuksia addiktoiva, sillä se sai Stingin tarttumaan kitaraan ja säveltämään uutta biisiä asian tiimoilta heti hotellille saavuttua. Kappaleen nimikin selvisi jo heti hotellin aulassa. Vastaanottoaulan seinälle oli nimittäin ripustettu vanha teatterijulistejuliste näytelmästä Cyrano De Bergerac. Cyranon suuri rakkaushan oli tyttö nimeltä Roxanne. Näin se lähti.

Huhtikuussa 1978 Roxanne sitten julkaistiin singlenä. Se ei heti herättänyt suurtakaan huomiota. Mutta kun saman vuoden marraskuussa julkaistiin Policen ensimmäinen täyspitkä levy "Outlandos d'Amour". Ja kun sen seurauksena Roxanne-single julkaistiin uudelleen se nousi kotimaassaan Englannissa listasijalle

12.

Minä en Roxannesta aluksi pitänyt. Vuosien mittaan siitä muodostui kuitenkin yksi suosikkibiiseistäni Policen tuotannossa. Ehkä vierastin aluksi laulun reggae-vaikutteita ja Stingin erikoista lauluääntä, mutta aika on opettanut ja hyvä niin.

Police on yksi (sadoista) maailman parhaista bändeistä, joka edelleen eksyy tasaisin väliajoin levylautaselle. Sen sijaan Stingin soolotuotanto ei ole koskaan uponnut. Stewart Copelandin ja Andy Summersin tuotantoon en ole muissa yhteyksissä muistaakseni edes törmännyt.

George Michael on muuten tehnyt Roxannesta oman versionsa. Se on hyvä. Jazzahtava, tunnelmoiva sovitus, jota myötäilee kappaleen hieno video. Se on kuvattu Amsterdamin punaisten lyhtyjen alueella ja siinä esiintyvät naiset ovat ihan oikeita ja aitoja prostituoituja. Löytyy mm. Youtubesta, sikäli mikäli kiinnostaa.

REDNEX – COTTON EYE JOE

(1994)

Näitä juttuja penkoessa pitää joskus matkustaa yllättävänkin pitkälle ja ajallisesti kauas päästäkseen mahdollisimman lähelle alkulähteitä. Niin tälläkin kertaa, kun aletaan tutkia mistä ruotsalaisen Rednexin vuoden 1994 hitti Cotton Eye Joe oikeastaan onkaan kotoisin. Ei suinkaan Ruotsista, niin kuin vähänkin musiikkia kuunnelleet osaavat päätellä jo biisin poljennosta, vaan kuten niin monessa muussakin tapauksessa pitää tässäkin mennä ison veden taakse apajille, Yhdysvaltoihin. Sinne, missä sikäläiseen vanhanajan latotanssiperinteeseen kuului tällainen pelimannimusiikki, jota hillbillyksi edelleen kutsutaan. Tällaisia tanssiaisia olemme päässeet todistamaan esimerkiksi lukuisissa vanhoissa amerikkalaisissa elokuvissa, joissa viulua, kitaraa, banjoa, haitaria narubassoa, huuliharppua ynnä muita saatavilla olleita soittimia käyttäen syntyi kuvatunlainen meininki kun kylän väki kokoontui yhdessä juhlimaan. Tosin vielä siihen aikaan kun Cotton Eye Joe ihan ensi kertaa kuultiin ei Hillbilly-musiikkia oltu vielä edes keksitty. Kappaleen juuret nimittäin ulottuvat niinkin kauas, kuin Yhdysvaltain sisällissodan aikaisiin vuosiin 1861 -65. Niinpä alkuperäinen kappale onkin ollut luultavasti hyvinkin erilainen verrattuna siihen hillbilly-versioon, mihin Rednexitkin omansa pohjasivat. Jos nyt hätäisesti arvioiden lasketaan erotus vaikka siitä sisällissodan ensimmäisestä vuodesta päätyen Rednexiin ja vuoteen 1994, niin erotukseksi esitysten välille saadaan 133 vuotta. Pitkä aika, ja onpa vielä luultavaa, että Cotton Eye Joe on vielä sitäkin vanhempi.

Vuosikymmenten mittaan kappaleesta on tehty lukuisa määrä eri versioita. Ensilevytys on niinkin kaukaa kuin vuodelta 1927, jolloin Virginiasta kotoisin ollut Dyke's Magic City Trio sen levytti. Tuolloin kappale tunnettiin vielä nimellä Cotton-Eyed Joe. Eli nimessä oli yksi d-kirjain ja väliviiva enemmän, eivätkä ne sieltä poistuneetkaan ennen kuin Rednex ne sieltä poisti. Tottumattoman korvaan kappale kuulostaa kutakuinkin miltä tahansa aikansa viuluvetoiselta countryltä, mutta yhtäläisyydet kappaleen minimalistisessa sanoituksessa ja tietysti nimessä kertovat siitä, että kyseessä on sama kappale. Ja kyllähän se sävelkulkukin sieltä erottuu. Vastaavien renkutusten samankaltaisuuteen lienee suurena tekijänä se, että tuon ajan laulut kulkivat paljolti kertakuulema-kansanperinteellä paikasta toiseen ja väistämättä saivat vaikutteita toisiltaan ja myös sekoittuivat toisiinsa matkan varrella.

Dyke's Magic City Trion levytyksestä taaksepäin mentäessä alkavatkin tiedot olla sitten vähäisempiä. Mutta johtolankaa löytyy Dorothy Scarboroughin vuonna 1925 ilmestyneestä kirjasta "On The Trail Of Negro Folksongs", missä haastateltava kertoo muistavansa laulun lapsuudestaan jo niinkin kaukaa, kuin ajalta ennen sisällissotaa. Niin kuin kirjan nimestä jo voi päätellä, Cotton-Eyed Joen alkuperä taitaakin yllättäen löytyä louisisanalaisilta puuvillaplantaaseilta, missä neekeriorjilla oli tapana lauleskella työtä tehdessään ja iltasella nuotion ääressä rankan päivän jälkeen.

Noihin maaorjien lauluihin sisältyi usein tarinankerrontaa ja kansanperintöä, joka siirtyi sillä tavoin seuraaville sukupolville. Pelkästään amerikkalainen ilmiöhän tämä ei tietenkään ollut, vaan laulujen kauttahan on kertomuksia, tosia ja taruja, kuljetettu ajassa jo varmaan vuosisatoja ja kutakuinkin kaikkialla maailmassa. Niinpä voi olla hyvinkin todennäköistä, että Cotton-Eyed Joe-niminen hemmo on ihan oikeastikin joskus maan päällä kävellyt. Mutta kuka hän oli? Jotain merkittävää tai ainakin huomiota herättävää hänessä on pitänyt olla, kun on laulun aiheeksikin päätynyt.

Huomiota herättävää todellakin, sillä alkuperäisissä sanoissa Joen kerrottiin olleen kierosilmäinen. Todennäköisesti sokeakin, sillä puuvillasilmäis-nimitystä (Cotton-eyed) käytettiin ihmisistä, jotka olivat menettäneet näkönsä juotuaan puusta tislattua alkoholia. Meillä tästä myrkystä on käytetty nimitystä tikkuviina. "Juoman" metanolipitoisuus oli niin korkea, että näön menettämisen lisäksi myös hengen heittäminen oli mahdollista. Tämähän on tuttua nykyajan pultsareillekin. Moni on sokeutunut juotuaan esimerkiksi tuulilasinpesunestettä, huonosti tehtyä kotipolttoista tai epämääräistä itäviinaa.

Lyttynenäinenkin Joe oli ja hampaansakin sanottiin sojottaneen suurinpiirtein suusta ulos. Tällaiset pikkuseikat eivät Joeta itseään kuitenkaan tuntuneet haittaavan, sillä varreltaan hän oli hoikka ja komea ja minne ikinä menikin hän sai naiset pauloihinsa. Alkuperäisen sanoituksen kertojahenkilönä toimiikin katkera mies, jonka lemmityn Cotton-Eyed Joe on hurmannut ja vienyt mennessään Tennesseehen. Joen viehätysvoima ei luultavasti kuitenkaan ollut lähtöisin pelkästään epäedullisesta ulkonäöstä, vaan hänellä lienee ollut joitain ihan oikeitakin avuja valloitustaidoissaan.

Sisällissodan jälkeen kappaleen sanoitus oli jo hieman muuttunut. Perustarina oli edelleen sama, mutta pientä lisäselvennystä asiaan oli saatu ainakin Joen mystisen vetovoiman suhteen. Siippansa menettänyt mies kertoo Joen käyttäneen jonkinlaista noituutta tai voodoo-loitsuja nuorikkonsa hurmaamisessa. Etenkin Amerikan mustan väestön keskuudessa kaikenlaiset taikavoimat, musta magia ja voodoo olivat vahvoja uskomuksia siihen aikaan ja eteläisissä osavaltioissa vielä myöhemminkin. Ei ollut ollenkaan harvinaista, että itse paholaisen uskottiin liikkuvan ihmisten keskuudessa. Tunnettu tarina tällaisesta tapauksesta on esimerkiksi legendaarisen blues-kitaristi Robert Johnsonin tarina siitä, kuinka hän kohtasi tien risteyksessä keskiyöllä itsensä paholaisen. Tämä ilmeentyi suuren mustan miehen hahmossa ja opetti Robertin soittamaan paholaisen musiikkia - bluesia. Ehkä Cotton-Eyed Joekin oli sellainen, sarvipää itse, jonka erikoisalaa oli naisten hurmaaminen.

1900-luvulle tultaessa tarina Cotton-Eyed Joesta kulkeutui valkoisten korviin. Uusien sovitusten myötä se muuttui vauhdikkaaksi countryksi, joka veti väen väkisinkin tanssilattialle. Aivan niin kuin voimme nähdä Rednexin Cotton Eye Joen videollakin. Siellä on menossa latotanssit. Heinähatut ovat pistäneet bileet pystyyn ja meno on sen mukaista. Lattialla pomppivien pogoajien välissä pyörähtelee myös muutamia perinteisimminkin tanssivia pareja. Tanssi, jota he tanssivat on amerikkalaista squaredancea tai ehkä heel and toe-polkaa. Nämä tanssit tulivat muotiin joskus 1930-40-luvuilla.

Samoihin aikoihin alkoi myös hillbilly-musiikki yleistyä ja jalostua sen aikaisesta countrymusiikista. Olihan tällaista musiikkia soitettu jo aiemminkin, mutta vasta noihin aikoihin sitä alettiin kutsua nimellä hillbilly. Vauhdikkaat paritanssit squaredance ja heel and toe polka soveltuivat sen tanssimiseen mainiosti. Niiden yksityiskohtaisista eroista en osaa tansseja taitamattomana sanoa mitään, mutta yhteistä niille kuitenkin on se, että vaikka koreografia ei olisikaan ennalta sovittua, niitä molempia pystyy useampikin pari tanssimaan samaan aikaan yhtäaikaisin pyörähdyksin ja lennossa tapahtuvin parinvaihdoin. Homman idea on siinä, että lavalla olevan orkesterin laulaja toimii tanssin seremoniamestarina ja kailottaa kulloinkin kovaan ääneen laulun sanoilla mitä seuraavaksi pitäisi tehdä: "Left hand up and round we go! ja niin pois päin.

Samaa ideaahan on käytetty musiikissa paljon muutenkin. Kotimaisena esimerkkinä vaikkapa lastenlauluorkesteri Fröbelin Palikoiden Huugi-Guugi. Ei ehkä niinkään huono esimerkki kuin ensin kuulostaa, vaikka lastenlaulusta puhutaankin, sillä Huugi-Guugi saattaa hyvinkin olla perua samoilta ajoilta. Luultavasti vielä kauempaakin, sillä sen historia vie ajallisesti hyvin hyvin kauas, eikä sen alkuperää oikeastaan edes tiedetä, mutta englanninkielisessa maailmassa se ollaan aina tunnettu nimellä Hokey Cokey tai Hokey Pokey. Se on kuitenkin ihan toinen laulu ja toinen tarina. Siitä lisää ehkä joskus myöhemmin.

Vielä edellä mainittujakin varhaisempi muoto amerikkalaisista perinteisistä tansseista oli jo sisällissodan aikoihin tanssittu rivitanssi. Se oli kuitenkin huomattavasti hillitympää, eikä sitä oikein voisi pölyisiin latotansseihin kuvitellakaan. Enemmän se muistutti Euroopan hoveissakin harrastettua tanssia, jossa kumarreltiin, niiailtiin ja hillitysti pyöräytettiin partneria. Eikä sisällissodan aikaista rivitanssia voi myöskään verrata siihen rivitanssiin, mitä nykyään Suomessakin laajalti harrastetaan. Sitä missä vapaamääräinen joukko miehiä ja naisia geometrisessä muodostelmassa pyörähtelee, tekee yhtäaikaisia liikkeitä, käännöksiä ja kopistelee buutsejaan lattiaan.

Nykyaikainen rivitanssi alkoi yleistyä vasta 1970-luvun lopulla ja yksi sen suurimpia julkituojia oli niinkin yllättävä hemmo kuin John Travolta. Kyllä, nimittäin Saturday Night Feverissäkin (1977) on tanssikohtaus, joka on selvää rivitanssia, joskin tietysti discoon sovitettua. Elokuvassa on kohtaus, jossa discon kingi Tony (Travolta) saapuu paikalle ja Bee Geesin Night Fever alkaa soida. Tanssilattialla on ihmisiä, jotka tanssivat omaan tahtiinsa, mutta kun Tony alkaa tanssin alkavat vähitellen muutkin liittyä siihen seuraten samaa koreografiaa. Kohtaus on kieltämättä näyttävä (ajan luomasta korniudesta huolimatta) ja aikanaan se saikin monet tanssi-ihmisetkin innostumaan tästä uudesta tanssista. Ryhmätanssi, jota tanssittiin periaatteessa yksin, mutta kokonaisuutena. Veikkaanpa, että Michael Jacksonkin katsoi Saturday Night Feverin muutamaan kertaan.

Kolme vuotta myöhemmin, 1980, toinen Travoltan tähdittämä elokuva, Urban Cowboy, toi asiaan vähän perinteisemmän näkö- ja kuulokulman country-musiikkeineen. Elokuvasta julkaistiin kaksi soundtrack-levyä ja siltä kakkoselta löytyykin tuttu biisi. Todennäköisesti vain studiokokoonpanona toiminut Bayou City Beats-niminen orkesteri esittää levyllä kappaleen nimeltä Cotton-Eyed Joe. Vaikka se soikin elokuvassa instrumentaalina ja taustalla on se silti melodiakulkunsa vuoksi sieltä helposti tunnistettavissa.

Tämän amerikkalaista tanssi- ja elokuvaperinnettä luotaavan

esitelmän ja löyhästi rakennettujen aasinsiltojen kautta ollaankin taas päästy vähän lähemmäs tätä päivää ja takaisin siihen mistä alunperin piti puhe ollakin - Cotton Eyed Joeen ja siihen mitä sille sitten tapahtui.

Ennen Rednexiä Cotton-Eyed Joe oli levytetty Amerikassa parisenkymmentä kertaa. Vähitellen se kulkeutui myös Eurooppaan, kun vuonna 1980 irlantilainen kansanmusiikkiyhtye Chieftains teki kappaleesta oman versionsa kymmenennelle albumilleen. Itse asiassa koko levy nimettiin kappaleen mukaan Cotton-Eyed Joeksi. Jos ei Rednexin 90-lukulaisia konemusiikkisoundeja laseta, niin kappale on sovituksellistikin aika lähellä "punaniskojen" 14 vuotta myöhemmin ilmestyvää versiota.

Oudon tästä hommasta tekee vaan se, että kaikki kappaleen siihen asti levyttäneet Dyke's Magic City Triosta lähtien ovat kirjauttaneet sen säveltäjätietoihin tekijäksi Trad. tai Traditional. Eli laulu on heidän kaikkien mielestä vanha traditionaalinen kansanlaulu, joka on vuosien saatossa kulkenut pitkän tien perimänä korvasta korvaan ja taas seuraavaan. Laulun alkuperä on jossain kaukana menneisyydessä, eikä sitä kukaan tiedä. Paitsi ehkä viimein nämä ruotsalaiset, jotka tulivat ja ihan pokkana pistivät biisin omiin nimiinsä. Säveltäjätiedoissa seisovat nimet Janne Ericsson, Örjan Öban Öberg ja Pat Reiniz.

Oikeastaan nämä häiskät eivät olleet edes muusikoita, vaan he olivat ennemminkin musiikkituottajia. Keikkakokoonpanoissakaan he eivät olleet mukana, kuin ehkä alkuaikoina ja silloinkin satunnaisesti. Heidän kuningasideansa oli sekoittaa hillbilly-country rytmikkääseen konemusiikkiin. Idea ja ajoitus olivat täydellisiä sillä samoihin aikoihin löi läpi myös tekno-musiikki. Onkin aika huvittavaa, että myös Rednex leimattiin silloin tekno-bändiksi, vaikka tosiasiassa näillä asioilla ei ole paljoakaan tekemistä toistensa kanssa. Toki ajan hermolla olleet ruotsalaiset käyttivät tämänkin tietysti hyödykseen ja Cotton Eye Joesta tehtiin myös hyvän maun rajoille tuotettu teknoversio. Varma lattiantäyttäjähän kappale on oikeassa ympäristössä vielä tänä päivänäkin.

Ainoa mikä edes hieman puoltaa sitä, että Rednexit laittoivat Cotton-Eyed Joen omiin nimiinsä on se, että he ottivat siihen matkalla kadonneen sanoituksen takaisin. Mustien puuvillapelloilla muokkaama tarinallinen sanoitus oli valkoisen miehen asiaan tarttumisen myötä pudonnut pois lähes kokonaan. Mukaan oli jäänyt oikeastaan enää vain kappaleen alku: Where did you come from, where did you go? Ja esityksestä riippuen pari mahdollista värssyä lisää. Loppuaika vingutettiin viulua ja panostettiin menevään svengiin. Ehkä kyse oli siitä, että valkoinen mies ei osannut samaistua tähän mustien kertomaan tarinaan, eikä kukaan nähnyt vaivaa muokatakseen siitä valkoisen suuhun sopivaa. Homma kun tuntui toimivan instrumentaalinakin.

Mutta eipä seurannut Rednexin versiokaan alkuperäistä sanoitusta. Heidän Cotton Eye Joensa oli ihan oikeasti komea ja vahva mies ja kun hän tuli vei hän - ei vain yhden miehen naista - vaan koko kaupungin naiset mennessään. Eikä kukaan tiedä minne.

Eli sanoituksesta korvaukset voi kyllä oikeudenmukaisesti maksaa Rednexille, mutta säveltäjätiedoista ei heille kuuluisi mielestäni mitään. Eipä siitä kukaan ole kyllä tietääkseni valittanutkaan, että näinköhän näitä perinteisiä trad-biisejä saa "varastaa" kunhan vaan on tarpeeksi röyhkeä ja tietää keinot.

Oli miten oli, niin Cotton Eye Joesta tuli valtava hitti. Se pomppasi listaykköseksi ympäri Eurooppaa miljoonamyynnillään. Vaikka toisin olisi voinut luulla, niin USA:ssa ei ykköspaikka yllättäen irronnutkaan, vaan kappale nousi parhaimmillaan vain vitoseksi. Kultalevyn he kuitenkin saavuttivat sikäläisiltäkin markkinoilta 500 000:n kappaleen myynnillään.

Suomessa Cotton Eye Joe oli ykkösenä kahden viikon ajan. Sen jälkeen kärkipaikan nappasi Madonna Secretillään. Välissä kävivät viikon ajan myös DJ Bobo ja Moby kunnes Rednex tuli taas. Seuraava single Old Pop In An Oak oli Suomen Virallisen Listan ykkösenä kokonaiset viisi viikoa loppuvuodesta 1994. Samaa hillbilly-dance kaavaa noudatettiin siinäkin, mutta tällä kertaa kappale taisi olla ihan oikeasti ja kokonaan heidän omansa.

Löytyipä samalta Sex & Violins-levyltä vielä kolmaskin iso hitti, kun Wish You Were Herekin nappasi ykköspaikkoja ympäri Eurooppaa. Ei kuitenkaan Suomessa, mutta sen sijaan se nousi Rednexin biiseistä korkeimmalle sijalle Radio Mafian Top 500 äänestyksessä vuonna 1995, jossa suomalaiset äänestivät sen maailmankaikkeuden kuudenneksi parhaaksi biisiksi. Cotton Eye Joe oli samalla listalla 71:s ja Old Pop In An Oak jaetulla 345:llä sijalla muutaman muun, kuten Doorsin Break On Throughn, Guns N' Rosesin Civil Warin ja Scooterin Move You Assin kanssa. Ei siis mikään turha biisi ole Old Pop In An Oak:kaan. Eihän? Kyllä kansa tietää.

RICHARD BERRY / KINGSMEN – LOUIE LOUIE

(1957 / 1963)

Sellaisia lauluja, joista olisi kirjoitettu kokonainen, lähes 300-sivuinen, kirja ei montaa ole. Eikä myöskään sellaisia lauluja, joista olisi julkaistu useita sellaisia kokoelmalevyjä, joilla kaikki kappaleet ovat samoja, mutta kuitenkin eri esittäjien versioita siitä yhdestä ja samasta biisistä. Varmasti ei ole montaa sellaistakaan biisiä, joiden ympärille olisi rakennettu isoja yleisötapahtumia, joissa juhlimisen aihe on kyseinen kappale ja kaikki siihen liittyvä. Ja vielä sekin, että ei ole varmaan montaa sellaistakaan kappaletta, jota olisivat varioineet niin monet pienemmät ja isommat (ja vieläkin isommat) artistit keikoillaan ja monet vieläpä ihan levylle asti. Esittäneiden listan pitäisi silloin olla hirvittävän pitkä ja lähes kaikki kevyen musiikin (ja raskaankin rockin) genrerajat ylittävä.

Vaan entäpä jos sellainen kappale, mihin kaikki tämä edellinen täsmää, onkin ihan oikeasti olemassa. Eikä tuo laulu ole mikään Yesterday, vaikka Beatles-biisi kaikkien aikojen coveroiduin kappale onkin. Eikä se ole myöskään Rollareiden Satisfaction tai Chuck Berryn Johnny B. Goode joilta niiltäkin toki löytyy omat meriittinsä. Ne eivät kuitenkaan riitä tällä kertaa, sillä pitää mennä ajassa vielä hieman pidemmälle. Edellä mainituista vielä edelliselle vuosikymmenelle, vuoteen 1957, jolloin amerikkalaisartisti Richard Berry julkaisi singlensä You Are My Sunshine. Tämäkin kappale on aika monta kertaa varioitu, mutta vielä sekään ei ole se juttu, sillä se etsittävä helmi löytyykin yllättäen kyseisen sinkun B-puolelta: Louie Louie. Se on se juttu. Kappale, joka elää vielä nykyäänkin ihan omaa hämmästyttävää elämäänsä.

Sen alussa vihjatun kirjan on kirjoittanut kuuluisa ja arvostettu rock-toimittaja/historioitsija/elämänkerturi Dave Marsh. KIrja on jo nimeltäänkin aika kertova, sillä virallisesti sen koko nimi kuuluu "Louie Louie: The History and Mythology of the World's Most Famous Rock 'n' Roll Song". Jo kirjan otsikko antaa ymmärtää, että nyt on kysymys paljosta muustakin kuin pelkästään yhdestä kolme sointua sisältävästä rokkibiisistä, joka yksinkertaisuudessaankin etsii vertaistaan. Näin on, sillä Louie Louien tarina on todellakin aika erikoinen ja monikäänteinen.

Kuten niin moni muukin maailmanhitti, Louie Louiekin syntyi puolivahingossa. Tässä tapauksessa vahinko tapahtui keikkapaikan takahuoneessa, missä los angelesilainen Richard Berry odotteli sen aikaisen yhtyeensä kanssa omaa esiintymisvuoroaan. Tarinan mukaan edellä esiintynyt orkesteri oli soittanut Kuubalaisen muusikon ja orkesterinjohtajan Rene Touzetin kappaletta El Loco Cha Cha Cha. Musiikki kuului hyvin takahuoneeseen ja kappaleen rytmi ja bassoriffi iskeytyivät Richardin tajuntaan sen verran lujasti, että siltä pohjalta, lievästi sanottuna lainaten, hän sävelsi Louie Louien siltä istumalta. Hän tallensi sen muistiin saatavissa olleelle paperinpalalle, lautasliinalle, eikä hänellä tässä vaiheessa luonnollisestikaan ollut minkäänlaista aavistusta siitä, minkälaisen kultakimpaleen oli tullutkaan luoneeksi. Ikävää vain, että hän itse ei sen kimalluksesta saanut kauaakaan nauttia.

Louie Louien luomistyöstä kului vuoden päivät ennen kuin kappale päätyi levylle asti. Kauheasti ei ilmeisesti Flip levy-yhtiö Louie Louieen uskonut, sillä se päätettiin laittaa vain sinkun B-puolelle. A-puolen You Are My Sunshine jäi kuitenkin kakkoseksi, sillä Louie Louiesta tuli lähes välittömästi nuorison rakastama bilehitti, jota tanssiaisissa jouduttiin soittamaan useitakin kertoja illan aikana jatkuvien toiveiden takia. Todennäköisesti samoista syistä kuin miksi Richard Berrykin oli siihen alunperin tarttunut, tarttuivat siihen nyt kuulijat. Rytmi ja riffi, joita ei voinut vastustaa veivät väkisinkin tanssilattialle.

Sinkku myikin suhteellisen mukavasti, mutta hyvän alun jälkeen myynti tyrehtyi. Vaikka Louie Louie soikin ahkerasti kaikissa kunnon bileissä, niin mainittaville listasijoituksille asti se ei silti koskaan alkuperäisesityksenä noussut. Levymyynnistä ei Richardin taskuun kilahtanut loppujen lopuksi montaakaan latia. Hän veti asiasta omat johtopäätöksensä ja tuli siihen lopputulokseen, että Louie Louie on jo loppuun lypsetty. Omat häät olivat tulossa ja nekin piti jollain tapaa rahoittaa. Keinona hän keksi myydä Louie Louien oikeudet eteenpäin. Sopivaksi hinnaksi katsottiin 700 tai 750 dollaria (lähteestä riippuen). Lienee tarpeetonta kertoa, että ei olisi kannattanut, sillä tästä koko tarina oikeastaan vasta alkaa. Vuosi oli 1959.

Siitä huolimatta, että Louie Louien julkinen suosio oli hiipumaan päin, ei sen liikkeelle paneva voima ollut jäänyt huomaamatta lukemattomalta määrältä nuoriso-orkesteja. Louie Louie tuntui kuuluvan lähes jokaisen amerikkalaisen pikkubändin ohjelmistoon. Pinnan alla kupli koko ajan ja vaikuttikin siltä, että kappale ainoastaan odotti toista tulemistaan, eikä sitä tarvinnut enää kauaa odottaakaan. Yksi olennaisimmista syistä Louie Louien suosioon bändipiireissä oli luultavasti siinä, että kappale oli niin yksinkertainen, että sen pystyi kuka tahansa aloittelevakin kitaristi soittamaan. Kunhan vaan osasi ne kolme tarvittavaa sointua. Toinen tärkeä juttu oli se mikä on tullut jo pari kertaa aimminkin todettua: Louie Louie sai liikehdintää aikaiseksi. Vielä kun rytmi oli sopivasti provosoiva, tanssivat tytötkin sitä sillälailla mukavasti, erilailla vapautuneesti. Hieman pidemmälle jos asiaa tältä kannalta miettii, niin mikäpä onkaan se yksi tärkeimmistä syistä, miksi nuoret miehet bändejä edelleenkin perustavat? Niinpä, jotkut asiat muuttuvat aikojen kuluessa, mutta eivät kaikki.

Ensimmäinen Louie Louieen tarttuneista levyttäjistä oli Seattlesta kotoisin ollut Rockin' Robin Roberts ja yhtyeensä Wailers. Heidän versionsa kappaleesta nousi ilmestymisvuonnaan 1961 sikäläisellä radiolistalla aina ykköseksi asti. Maanlaajuisesti levy-yhtiö ei kuitenkaan Robinin eteen töitä tehnyt ja varsin verevän kuuloinen artisti ei saanut sitä ehkä ansaitsemaansa suurempaa kuuluisuutta. Maan luoteisosissa Rockin' Robinilla oli kuitenkin omat kannattajajoukkonsa, jotka vannoivat hänen nimeensä.

Orastavaa rock-kapinaakin oli Robinissa havaittavissa, sillä kerran bändin ollessa keikalla Tacomassa, oli järjestäjä päästänyt esiintymishalliin liikaa väkeä. Poliisi saapui paikalle ja aikoi tyhjentää hallin. Rockin' Robin pyysi poliisilta lupaa vielä yhteen kappaleeseen, jottei porukka hermostuisi kesken jääneeseen keikkaan. Virkavalta suostui, Robin kiitti ja bändi alkoi soiton. Biisi oli tietysti keikan huipennukseksi varattu Louie Louie ja tällä kertaa veto kesti puoli tuntia. Poliisi ei tykännyt ja sattuneesta syystä Rockin' Robinista tuli joksikin aikaa ei toivottu henkilö Tacomassa, eikä huvilupia enää irronnut.

Rockin' Robin Roberts kohtasi tiensä pään vuonna 1967 autokolarissa. Juuri kuukautta aiemmin 27 vuotta täyttäneenä hän saattoi olla ensimmäinen ikäisenään kuollut rock-tähti. Sittemminhän tuosta ikävuodesta on tullut lähes kirous rock-tähdille, minkä historiakin on useasti todistanut. Ilmeisesti kaunat poliisin kanssa oli jo tuolloin selvitetty, sillä Rockin' Robin Roberts on haudattu Tacoman hautausmaalle. Komeaan hautakiveen on kaiverrettu Louie Louien nuottiviivaston alapuolelle jälkipolville tiedoksi teksti: He brought Louie Louie to the northwest and the world.

Pari vuotta myöhemmin, 1963, alkoi todella tapahtua. Peräjälkeen, vieläpä samassa studiossa, Louie Louien levyttivät Paul Revere And The Raiders ja Kingsmen. Jos oli Rockin' Robin Robertsin versio vielä ollut suht' uskollinen alkuperäiselle temmon ja soulahtavan doo-wop tulkinnan kera, niin nyt mukaan astui rock'n'roll. Etenkin Paul Reveren versio oli perin riehakas esitys, jonka voisi jopa ajatella avanneen ensimmäisiä ovia tuleville "vieläkin äänekkäämmille" musiikkigenreille. Joskin pari vuotta myöhemmin tacomalainen Sonics teki siitä vieläkin ovia avaavamman version.

Huomattavaa on, että kaikki edellä mainitut ovat lähtöisin samalta suunnalta, Yhdysvaltain luoteisista kaupungeista: Paul Revere Boisesta (Idaho), Kingsmen Portlandista (Oregon) ja Sonics Tacomasta (Washington). Tämä fakta perusteleekin Rockin' Robin Robertsin hautakivitekstin kiistattomasti. Vaikka Louie Louie olikin alunperin alempaa länsirannikolta lähtöisin, niin todellisen valloituksensa se aloitti reilut tuhat mailia pohjoisempaa. Näistä lähtökohdista ajatellen ei ole todellakaan ihme, että Seattlesta muotoutui 90-luvulla grunge-musiikin keidas. Louie Louiella on varmasti ollut jonkinlainen välillinen vaikutus grungen merkittävimpien yhtyeiden Nirvanan ja Pearl Jamin musiikkiin. Molemmat Seattlesta.

Kingsmen oli se bändi, joka viimein nosti Louie Louien listoille asti loppuvuodesta 1963. Ykköseksi asti eivät rahkeet ihan riittäneet, sillä ykköspaikalla keikkui koko joulukuun ajan USA:n listahistorian ehkä käsittämättömin listaykkönen (kaikki myöhempien aikojen hirvityksetkin huomioon ottaen), belgialaisen Singing Nunin kappale Dominique. Tammikuussa 1964 kärkipaikan esteenä oli Bobby Vintonin There I've Said it Again. No, se oli sentään amerikkalaista alkuperää, mutta eipä juurikaan edellistä innostavampi. Elettiin synkkää aikaa amerikkalaisessa listamusiikissa, mutta muutos oli jo aivan nurkan takana. Se tuli Englannista, kuten tiedämme, mutta ei sekoiteta sitä nyt tähän juttuun sen enempää, sillä Louie Louien tarinassa tuli eteen suhteellisen kummallinen käänne.

Louie Louie oli nyt Kingsmenin avituksella noussut siis koko amerikkalaisnuorison tietoisuuteen. 60-lukua eteenpäin mentäessä siihen tarttuivat vielä monet muutkin, sillä Louie Louie taipui helposti monenlaisten esittäjien vaatimuksiin. Monenlaisia versioita siitä tehtiinkin. Näiden takana oli muun muassa niinkin erilaisia esittäjiä kuin esim. Beach Boys, Otis Redding, Frank Zappa, Ventures, Troggs, Sandpipers, Surfaris ja vielä moni moni muu. Biisin potentiaali oli kiistaton. Mm. edellämainittujen esittäjien kirjo on yksi osoitus siitä. Mutta räjähdysmäiseen suosion nousuun saattoi olla muitakin syitä.

Nimittäin tuttu juttuhan ainakin musiikkihommissa on aina ollut, että jos joku yritetään kieltää moralistien tai muiden vastaavien taholta, sen vaikutus muuttuu päinvastaiseksi. Etenkin jos puhutaan nuorisomusiikista. Vuosikymmenten kuluessa ovat erinäiset nuorista huolissaan olevat piirit liimailleet varoittavia tarroja levynkansiin, kieltäneet artistien julkisia esiintymisiä, rajoittaneet radiosoittoa yms. Lopputulos on ollut kutakuinkin aina ennalta selviö: Kiinnostus kasvaa, levymyynti nousee ja keikoilla riittää väkeä. Kielletty hedelmä maistuu makeimmalta. Sekin kuuluu nuoruuteen.

Osansa tällaisesta ajojahdista sai Louie louie ja nimenomaan Kingsmenin esittämänä. Nimittäin silloin vuosien 1963 ja -64 taitteessa, kun Louie Louie soi kaikkialla, sille yritettiin iskeä kuolinisku. Kaikki lähti siitä, kun Indianan osavaltion kuvernööri, kahden tyttären isä, Matthew Welsh sattui kuulemaan Louie Louien. Kappaleen sanat järkyttivät häntä suuresti. Louie Louien sanoitus oli hänen mielestään epäilyttävä, julkean seksuaalinen ja nuorisoa turmeleva. Hän otti yhteyttä osavaltionsa radio-asemiin ja vaati sen soiton lopettamista edellä mainituin perustein. Hän saikin tahtonsa läpi ja kanavat joutuivat vastentahtoisesti noudattamaan korkealta taholta tullutta määräystä. Welshin visio kuitenkin oli, että Louie Louie pitäisi pistää pannaan kaikkialla Yhdysvalloissa. Niinpä paikallinen soittokielto ei hänelle riittänyt ja hän jatkoi taistelua tavoitteensa eteen.

Toisaalla myös Yhdysvaltain sen aikaista oikeusministeriä, presidentin veljeä, Robert Kennedyä, oli lähestytty asian tiimoilta kirjeitse. Kirjeen takana olivat vihaiset vanhemmat, joiden kotiin teinit olivat kantaneet tuon niin härskin levyn, ettei sen sanoja voinut edes kirjeeseen liittää.

Tällaiset jutut aiheuttivat lähes joukkohysterian huolestuneiden vanhempien joukossa ja johtivat siihen, että juttu-Louie Louie alkoi levitä melkoisiin mittasuhteisiin. Niinpä homma eteni seuraavalle asteelle. Oikeastaan se harppasi muutaman asteen ylikin, sillä Louie Louieta alkoi tutkia nyt FBI. Kyllä, se nimenomainen FBI, jonka tehtävänä on suojella kansallista turvallisuutta Yhdysvalloissa. Louie Louie katsottiin niin vahingolliseksi, että ilmeisesti koko maan turvallisuuden arvioitiin olevan vaarassa sen takia. Perusteina tutkimuksille oli se, että sanoituksen epäiltiin olevan vähintäänkin arveluttavan. Varmaa näyttöä asialle ei kuitenkaan normaalilla levynkuuntelulla löytynyt, joten asia annettiin FBI:n tutkittavaksi. Heillä oli asian suhteen paremmat tutkintavälineet. Mistä Louie Louiessa sitten lauletaan? Ei sen kummemmasta kuin tyttöään ajattelevasta jamakaikalaisesta merimiehestä, joka on matkoillaan kulkeutunut kauaksi kotisaaresta. Tämän ajatuksen taakse nyt kukin tietysti, niin halutessaan, pystyy rakentamaan vaikka minkälaisia juonikuvioita. Väistämättä mieleen tuleekin, että näillä huolestuneilla oli itselläänkin ilmeisen vauhdikas mielikuvitus näissä asioissa. Aikakausi tai julkisuuskuva vaati niistä kuitenkin pidättäytymään. Näin ollen niitä kuului paheksua. Tämä ajatusmallihan toimii vielä tänä päivänäkin. Ei ehkä musiikissa enää, sillä mikään ei tunnu olevan enää sillä saralla pyhää. Sen sijaan aika monta kohua on viime vuosina noussut esimerkiksi politiikan piiristä kuin myös monista korkeamoraalisina pidetyistä instituutioista.

Pari vuotta kestäneiden ja miljoonia dollareita maksaneiden tutkintojen aikana Kingsmenin keikoilla vieraili usein yleisön sekaan soluttautuneita FBI:n agentteja. Levyä soitettiin laboratorioissa eri nopeuksilla ja varmaan takaperinkin saadakseen selville mitä laulussa oikeasti lauletaan. Asia ei ollut niin yksiselitteinen kuin olisi aluksi luullut. Syyttäjätaho oli vakaasti sitä mieltä, että sanat eivät menneet niin kuin ne lyriikoissa lukivat. KIngsmenin laulajaakin kuulusteltiin hyvinkin tiukkasanaisesti ja taisi siellä kuulusteluissa käväistä Richard Berrykin, jolla ei enää ollut edes oikeuksia omaan lauluunsa. Fyysisyyteen asti ei kuitenkaan ajauduttu, mutta painostus oli ollut kovaa. Lopulta FBI ei kuitenkaan löytänyt levyltä mitään todistettavasti arveluttavaa materiaalia ja tutkinta jouduttiin lopettamaan. FBI joutui nöyrtymään Louie Louien edessä. Juttu jäi ratkaisemattomaksi ja Kingsmen jouduttiin moralistien suureksi pettymykseksi toteamaan syyttömäksi. Toisaalta olisi ollut mielenkiintoista nähdä minkälaisia tuomioita ja kenelle niitä olisi jaettu, jos oltaisiin todettu rikoksen tapahtuneen. Onneksi ei kuitenkaan. Mutta kieltämättä jotain outoa Kingsmenin Louie Louiessa on. Sanoista ei (ehkä) todellakaan saa selvää joka kohdassa. Rummun iskut tulevat jonkun nopean huudahduksen päälle ja muuta tunnistamatonta älämölöä taustalta välillä kuuluu. Ehkä sittenkin siinä jotain tuhmaa on, sillä joku jossain nettikommentissakin kertoi olleensa Kingsmenin keikalla 60-luvulla ja hänen mukaansa koko yleisö tunsi "ne toiset" sanat laulaen niitä bändin mukana. Vaikea uskoa, että bändi itse olisi pystynyt näin nerokkaasti ja tarkoituksellisesti piilomerkityksiä biisiinsä piilottamaan. Ehkä niitä siellä oli, mutta kukin kuunnelkoon ja päätelköön kantansa itse. Kingsmenissä vuodesta 1963 saakka musisoinut Dick Peterson osaisi varmaankin valaista asiaa itse kirjoittamassaan Kingsmen-historiikissa Louie Louie, Me Gotta Go Now.

"Vapautuksen" jälkeen Louie Louie on jatkanut riemukulkuaan. Varmistettuja levytyksiä siitä on kertynyt pitkälle toistatuhatta kappaletta. 1600 on luku, jota Wikipedia tarjosi, mutta se ei liene kuitenkaan koko totuus. Youtubestakin löytyy virallisten versioiden lisäksi useita bootleg-levyiltä ja konserteista kopioituja pätkiä, joilla nimekkäätkin bändit soittavat Louie Louieta. Väittäisin jopa, että vaikka Yesterday onkin virallisesti listattu maailman coveroiduimmaksi kappaleeksi (Wikipedian mukaan yli 2200 levytystä), niin Louie Louie menee silti sen ohi esittäjien määrässä. Nämä kirjaamattomat Louie Louiet vaan löytyvät bootlegeilta, muilta epävirallisilta levyiltä ja lukemattomien bändien keikkojen biisilistoilta. Loogisesti ajateltunakin kynnys Yesterdayn soittamiseen on "hieman" korkeampi kuin Louien Louien kohdalla. Eikä siinä ole mitään negatiivista kumpaakaan kohtaan. Jossain muuten väitettiin, että jos Yesterdayta soittaa takaperin se kuulostaa Louie Louielta. Tämä "fakta" kuulostaa kyllä niin mielenkiintoiselta, että siihen pitäisi kyllä selvyys saada. Ehkä joskus kun on oikein tylsää, eikä mitään muuta tekemistä, alan selvittää tämänkin jutun todenperäisyyttä.

Louie Louien vaikutuksia yksittäisiin kappaleisiin on paljon. Troggsin Wild Thing on aika selviö, mutta miltä kuulostaa esimerkiksi Bostonin More Than a Feeling (1976) tai Nirvanan Smells Like Teen Spirit (1991). Saattaa kuulostaa hieman oudolta, mutta kannattaa ensin kuunnella uusin korvin ja tehdä sitten vasta omat johtopäätökset. Bostonin Tom Scholz ei ole asiaa kieltänyt, joskin on kertonut More Than A Feelingin hakeneen vaikutteita ennemminkin Left Banke-yhtyeen Walk Away Reneestä. Kuulostaa todelta sekin, mutta enemmän siinä mielestäni on kuitenkin Louie Louieta. Nirvana taas soitti joskus livenäkin More Than A Feelingiä Smells Like Teen Spiritin lomassa. Olihan se kuulemma yksi Kurt Cobainin suosikkibiiseistä ja Louie Louie yksi ensimmäisistä kappaleista joita pikku-Kurt opetteli kitaralla soittamaan. Lisäksi esimerkiksi Rollareitten Get Off Of My Cloudin, McCoysin Hang On Sloopyn ja jopa Bob Dylanin Like A Rolling Stonen voidaan (kunkin oman vapaan tulikinnan mukaan) sanoa käyttäneen Louie Louieta sapluunanaan. Kinksin ensimmäinen hitti You Really Got Me:kin syntyi, kun Ray Davies yritti tapailla Louie Louien sointukulkua. Näin on Ray itse kertonut.

Louie Louien meriittilista tuntuu lähes loputtomalta. Se on oikeutetusti niiden Rock And Roll Hall Of Fameen valittujen, alunperin 500:n kappaleen joukossa, joita pidetään musiikkilajin arvokkaimpina jalokivinä. Se on myös valittu kymmenien arvostettujen musiikkilehtien, radioiden ja tv-kanavien listoille, joilla on listattu maailman merkittävimpiä rock-biisejä. Se löytyy "Vuosisadan tärkeimmät kappaleet" listalta kuin myös "Kappaleet, jotka muuttivat maailmaa"-listalta. Lisäksi ne lukemattomat artistit, jotka ovat kappaletta esittäneet ovat pönkittäneet Louie Louien jalustan yhdeksi tukevimmista rock'n'rollin kulmakivistä, joiden perustusta ei heilauta enää mikään.

Louie Louiella on etenkin Yhdysvaltain luoteisosien rockmusiikkiperinteessä ihan oma asemansa ja kulttisuosionsa. Eikä ihme, sillä kyllähän tosiseikka on se, että siltä suunnalta koko juttu lähti laajenemaan maailman tietoisuuteen. Washingtonin osavaltiossa sitä on jopa esitetty alueen viralliseksi kansallislauluksi. Vuodesta 1959 soinutta "Washington My Homea" se ei ole kuitenkaan pystynyt sivuuttamaan, mutta osavaltion omaksi rockbiisiksi se on sentään epävirallisesti nimetty ja kirjoihin kirjattu.

Noin viidenkymmenen mailin päässä osavaltion suurimmasta kaupungista, Seattlesta, etelään sijaitsevassa Tacomassa on järjestetty vuodesta 2003 lähtien Louiefest-nimistä tapahtumaa, joka keskittyy seutukunnan ja maankolkan bänditarjontaan. Epäilemättä jokainen esiintyvä bändi vetäisee jossain välissä Louie Louien. Viimeistään encorena. Pippalot huipentuvat siihen, että kaikki kynnelle kykenevät kitaristit kokoontuvat kaupungin baseballstadionille soittamaan yhtäaikaisesti Louie Louien kolmea sointua. Parhaimpana vuonna paikalla on ollut 754 kitaristia, jotka veivasivat kolmea sointua noin kymmenen minuutin ajan. Tavoitteena oleva tuhat kepittäjää on kuitenkin vielä saavuttamatta, vaikka homma kulkeekin nimellä Celebration of 1000 Guitars. Mutta ehkäpä jo ensi vuonna.

Mutta kyllä Louie Louieta juhlitaan ja rakastetaan laajemmaltikin. Nimittäin huhtikuun 11:s on nimetty Yhdysvalloissa kansainväliseksi Louie Louie-päiväksi. Sitä en tiedä, kuinka virallinen nimeäminen on, enkä myöskään sitä kuka nimeämisen on tehnyt, mutta ainakin Louie Louie Day löytyy kirjattuna joistain amerikkalaisista almanakoista. Päivä on määräytynyt Richard Berryn syntymäpäivän mukaan ja tietyille tahoille se onkin ilmeisen tärkeä päivä, sillä fanikantaa kappaleelle kyllä löytyy. Ilmeisesti homman takana on netissäkin esittäytyvä yhteisö The Louie Louie Advocacy and Music Appreciation Society (LLAMAS), joka on ottanut valistustehtäväkseen kansalaisten sivistämisen Louie Louien osalta. Yhteisön yksi tärkeimpiä tehtäviä on Louie Louien nostaminen Washingtonin osavaltion kansallislauluksi sekä kaikkien maailman artistien kannustaminen levyttämään Louie Louiesta lisää versioita. Sitä kun ei ole vielä hyväksytty Guinnessin ennätysten kirjaan maailman levytetyimpänä kappaleena, vaikka se tosiasiassa (ainakin luultavasti) sitä on.

Kalifornialainen radioasema KFJC teki todellisen Louie Louie-kulttuuriteon vuonna 1983. Elokuun 19:ntenä päivänä vuonna 1983 se aloitti aalloillaan yhtäjaksoisen hittiputken nimellä Maximum Louie Louie Marathon. Homman nimi oli se, että ainoa biisi mitä se soitti kanavallaan seuraavan reilun kahden ja puolen vuorokauden aikana oli Louie Louie. Kaiken kaikkiaan maratoni kesti 63 tuntia ja sinä aikana ehdittiin soittaa Louie Louiesta 823 eri versiota. Mukana oli myös Richard Berryn, joka poikkesi paikan päällä itse henkilökohtaisesti vetäisemässä kappaleen livenä. Epäilemättä kova urakka kuuntelijallekin kuunnella koko show, mutta varmasti se toimi paremmin Louie Louiella, kuin olisi toiminut esimerkiksi Yesterdayllä. Luulisin, että viimeistään viiden Yesterdayn jälkeen olisin jo ainakin itse vaihtanut kanavaa.

Louie Louien tarina on todellakin aika erikoinen. Tätä juttua kirjoittaessani upposin itsekin siihen aika syvälle. Enää en ihmettele yhtään miten Dave Marsh pystyi kirjoittamaan aiheesta kokonaisen kirjan. Pikemminkin ihmettelen, että miksi homma jäi vain yhteen kirjaan. Kyllä Louie Louiesta toisenkin saisi aikaiseksi. Ehkä joskus saammekin aiheesta päivitetyn version. Ensipainos kun on jo vuodelta 1993. Kahdessakummenessä vuodessa on varmasti ehtinyt tapahtua paljon.

Vuosikymmenten mittaan Louie Louie on saavuttanut ainutlaatuisen kulttimaineen, jollaista ei musiikkimaailmassa ole millään muulla yksittäisellä kappaleella. Internetkin tursuaa mitä kummallisimpia faktoja asiasta. Joihinkin niistä pitää toki suhtautua pienellä varauksella, mutta tämä pieni asioiden avoimuus vaan tekee tarinasta vieläkin kiehtovamman. Jonkinlainen arvoituksellisuuden kehä Louie Louien ympärillä leijuu edelleen. Esimerkiksi se jupakka sanoituksen ympärillä ei ole käsittääkseni vieläkään selvinnyt. Eikä todennäköisesti selviäkään. Kummallisinta asiassa edelleenkin on mielestäni se, että mitä ihmettä ne sanoista valittaneet ihmiset siinä kuulivat ja olivat vielä niin varmoja asiasta, että tutkinta eteni FBI:lle asti. Ja kun Liittovaltion Poliisikaan ei sen aikaisella huipputekniikalla ja kuulustelutaidoilla saanut asiaan selvyyttä, niin miten ihmeessä sitten tavalliset ihmiset pystyivät siihen pelkällä korvakuulolla. Luultavia vastauksia ja kohuun johtaneita tekijöitä voisivat olla esimerkiksi politiikka, henkilökarisma, ryhmäajattelu ja luja usko. Yhdessä tai erikseen, miten vaan.

Louie Louiehin voi todellakin törmätä missä vaan. Asioita penkoessani se tuli vastaan jopa Facebookissa. Sieltä löytyi Louie Louien omat fanisivut, joille ylläpitäjä päivittää muun sälän ohessa joka viikko uuden version kappaleesta. Sivustahan piti tietysti heti tykätä ja liittyä samantien ryhmään. Ensimmäisenä suomalaisena muuten. Nyt pysyn uusista Louie Louie-käänteistä ajan tasalla ja tunnen eläväni itsekin mukana sen monimuotoista tarinaa. Ehkä linkitän sinne itsekin joskus ne kaikki kaksi kotimaista Louie Louie-versiota, jotka Suomi-rock tuntee. Tällä määrällä taidamme tulla aikalailla jälkijunassa, mutta ainahan asialle voi tehdä jotain. Vieläkö muistatte mikä olikaan yksi LLAMAS:in tärkeimmistä tehtävistä?

Meillä kortensa kekoon ovat heittäneet Ratsia, jonka liveveto löytyy vuonna 1980 ilmestyneeltä sekalaisten esittäjien kokoelmalevyltä Metropolis, sekä Flaming Sideburns ensimmäisellä levyllään Bama Lama Boogaloo vuodelta 1997. Myös tämä Louie Louie on live.

Yksi asia on vielä käsittelemättä: Richard Berry. Mies, joka sävelsi Louie Louien ja pari vuotta myöhemmin myi sen oikeudet eteenpäin päästäkseen naimisiin. Mitä hänelle tapahtui? Eipä mitään ihmeellistä. Hän pääsi onnellisesti naimisiin, joskin erosi myöhemmin, ja sai aikanaan kuusi lastakin. Muusikon uraansa hän jatkoi ilman sen kummempaa menestystä tai suurempaa kuuluisuutta. Samaan aikaan toisaalla muut takoivat hänen kappaleellaan miljoonia, joista mitään ei päätynyt hänen taskuihinsa. Säveltäjätiedoissa luki tietysti edelleen hänen nimensä, mutta korvaukset radiosoitosta ja uusista levytyksistä kasvattivat ihan muiden ihmisten pankkisaldoa. Luulisi, että Richard Berry olisi ollut katkera asian suhteen, mutta ei. Hän on haastattelussa kertonut, että tuohon maailman aikaan laulujen kauppaaminen oli ihan normaalia toimintaa. Hän oli vain iloinen siitä, että heille yleensä annettiin aikoinaan mahdollisuus päästä studioon lauluja levyttämään. Ihailtava asenne, ei voi muuta sanoa.

Draaman kaaren ja tarinan yllättävyyden takia pitää tässäkin jutussa olla vielä ainakin yksi yllättävä käänne. Se tapahtui vuonna 1986 Richard Berryn asustellessa Los Angelesissa. Rahat olivat tiukalla ja hän oli päätynyt asumaan yhteistalouteen vanhan äitinsä kanssa. Eräänä päivänä puhelin soi. Toisessa päässä oli California Cooler-juomatehtaan mainosmies. Hän halusi puhua miehen kanssa, joka on säveltänyt Louie Louien. Richard myönsi olevansa kyseinen henkilö. Mies kertoi yhtiön suunnittelevan uutta mainossarjaa tuotteelleen, jonka taustalla soisi vanhoja rock'n'roll-hittejä. Mukaan oli kelpuutettu mm. Spencer Davis Groupin Gimme Some Loving, Trashmenin Surfin' Bird, Little Richardin Tutti Frutti ja Sam The Sham And The Pharaohsin Wooly Bully. Nyt mukaan haluttiin myös Louie Louie. Mainoksessa oli tarkoitus soittaa Kingsmenin rokkavampi versio, mutta siihen tarvittiin säveltäjän lupa ja lupaan tarvittiin Richard Berryn allekirjoitus. En tiedä mikä oli se juttu, että tässä tapauksessa Richardilla yllättäen olikin oikeuksia Louie Louieen, mutta ensimmäisenä tulee mieleen, että voisiko vastaus olla televisio. Joku lakipykälä jossain oli ehkä antanut luvan soittaa kappaletta radiossa, mutta televisio vaatikin toisen luvan. Oli miten oli, niin pienten neuvottelujen jälkeen California Coolerin lakimiehet tarttuivat toimeen ja tuloksena olikin yhtäkkiä, että Richard Berryllä olikin taas noin 27:n vuoden jälkeen oikeudet Louie Louieen. Ei ihan kaikki, mutta sen verran kuitenkin, että hän sai heti ensikorvauksena kaksi miljoonaa dollaria ja sen lisäksi jokaisesta radiosoitosta alkoi tippua korvausta pankkitilille. Sen jälkeen ei Richardilla enää sitten ollutkaan rahahuolia. Oikeus voitti, tarinaan saatiin onnellinen loppu ja aiemmin kehumani Richardin ihailtava asenne palkittiin. Näinhän sen piti mennäkin.

Tulot Louie Louiesta mahdollistivat sen, että Richardin ei tarvinnut mennä oikeisiin töihin, vaan hän pystyi edelleen jatkamaan keikkailua ja musiikin tekemistä. Sitä kesti vielä seuraavalle vuosikymmenelle saakka. 90-luvun puolivälissä Richard alkoi kuitenkin sairastella, mikä johti siihen, että hänen kuntonsa alkoi nopeasti heiketä. Tammikuun 23:ntena 1997 hän sai kotonaan Los Angelesissa sydänkohtauksen, joka koitui kohtalokkaaksi. Hän oli 61-vuotias.

Yksittäisenä artistina Richard Berryä ei lueta suurten joukkoon. Eikä hänen nimensäkään kilauta kuin kaikista valveutuneimpien alan harrastajien kelloja. Perinnöksi kaikille meille maailman musadiggareille hän jätti kuitenkin yhden kaikkien aikojen merkittävimmistä rock-biiseistä. Sen tuntevat kaikki. Jos Louie Louieta pitäisi kuvata vain yhdellä sanalla, voisi se sana olla vaikka "Klassikko", sillä sellainen se kiistatta on. Siinäpä onkin yksiselitteinen fakta, johon tämä kirjoitus on hyvä lopettaa, sillä parempaakaan Louie Louieta kuvaavaa sanaa en enää keksi. Louie Louie. Me gotta go now!

RONETTES – BABY I LOVE YOU

(1963)

Phil Spector – Hullu vai nero? Ehkä molempia. Ainakin 60-luvulla miestä pidettiin musiikkipiireissä tuottajanerona, joka loi musiikkiin aivan uuden soundin. Soundin, jota kutsuttiin Wall Of Soundiksi. Jo tuolloin Spector tunnettiin äkkipikaisena ja erikoisena persoonana, jonka mielenliikkeistä ei aina kukaan saanut selvyyttä. Työssään hän oli ehdottoman täydellisyyteen pyrkivä ja vaatikin usein artisteiltaan uusia ottoja lähes loputtomiin saakka. Vuosien myötä miehen mieli alkoi järkkyä ja todellisuus hämärtyä. Kaikki konkretisoitui vuonna 2003 näyttelijä Lana Clarcksonin murhaan epäselvissä oloissa viinanhuuruisten juhlien jälkimainingeissa. Tapauksesta käytiin oikeutta vuosia, kunnes viimein vuonna 2009 Spector todettiin syylliseksi. Rangaistuksena 19 vuoden vankilatuomio.

Mutta kiistelty mies jätti kiistattoman jälkensä musiikin historiaan. Sitä ei käy kiistäminen. Lukematon määrä listaykkösiä ympäri maailmaa, useita klassikkoalbumeja ja tuo Wall Of Sound, jota niin moni on yrittänyt jäljitellä, mutta ei ole siinä täysin onnistunut. Sitä paitsi mielestäni tämän päivän ylihienoilla bittivehkeillä ei edes voi päästä tuollaisiin soundeihin, jotka Phil loitsi. Eikä ainakaan siihen tunnelmaan, joka vaati myös tietynlaiset artistit. Ja Spector tiesi mitä halusi.

Phil Spector oli tuottanut levyjä jo 50-luvun lopulta asti. Teddy Bearsin To Know Him Is To Love Him vuodelta 1959 oli ensimmäinen. Sen jälkeen hän tuotti mm. Connie Francista ja Gene Pitneytä. Suuri läpimurto kuitenkin puuttui. Sen aika koitti kun hän keksi yhdistää kehittämänsä Wall Of Soundin ja tyttöbändit.

Crystals oli ensimmäinen. Bändi tuli ja räjäytti kaiken. Kun Da Doo Ron Ron ja Then He Kissed tärähtivät sen aikaisista ämyreistä, tärähti myös monelta musiikkituottajalta huonot housuun. Soundi oli jotain mitä ei vielä silloin osattu odottaa ja se harppaus edelliseltä portaalta oli useamman portaan mittainen.

Crystalsin ja Spectorin yhteistyö kuitenkin jostain syystä loppui suhteellisen äkkiä Then He Kissed Me-sinkun jälkeen vuonna 1963. Seuraaja oli kuitenkin jo löytynyt: The Ronettes.

Sisarukset Veronica Bennett, Estelle Bennet ja serkkunsa Nedra Talley perustivat Ronettes lauluyhtyeensä New Yorkissa 50-luvun loppupuolella. Menestys ja maine olivat kohtalaista, joskin kuuluisuus jäi suhteellisen pienen piirin tietoisuuteen. Suunta oli kuitenkin oikea ja tytöt mm. voittivat New Yorkin Apollo-teatterissa järjestetyn kykykilpailun. Veronica oli tuolloin 13, Estelle ja Nedra vähän vanhempia,16-vuotiaita.

Kaikki kuitenkin muuttui vuonna 1963, kun Phil Spector haali yhtyeen talliinsa. Oikeastaan Spector halusi värvätä vain Veronican, mutta tällöin tyttöjen äiti puuttui asiaan ja vaati, että se on kaikki tai ei mitään. Spector suostui ja hyvä niin. Lienee niitä harvoja kertoja, kun Spectorille on sanottu, että nyt tehdään näin, eikä kuten hän haluaa.

Heti ensimmäinen julkaisu Be My Baby osoittautui menestykseksi. Seuraavaksi hovisäveltäjät Jeff Barry, Ellie Greenwich ja Phil Spector sävelsivät Ronettesille Baby I Love Youn 1963. Laulun valmistuttua Ronettes hälytettiin pikahälytyksellä studioon. Rauta oli nyt kuumaa ja sitä piti takoa äkkiä.

Samaan aikaan Ronettes kuitenkin kiersi Yhdysvaltoja kiertueella eikä kiertuetta voinut niin vaan keskeyttää. Päädyttiin siihen, että Veronica lentää studiolle Californiaan ja muu bändi jatkaa kiertuetta. Keikoilla Veronica korvattiin useilla Spectorin levyillä laulaneella luottoääni Darlene Lovella. Naisella, joka mm. lauloi Crystalsin Da

Doo Ran Ranin alkuperäisversiossa soolo-osuudet. Myöhemmin biisi äänitettiin kuitenkin uusiksi ja siinä lauluosuudet hoitaa Crystalsin oikea laulusolisti Dolores Brooks.

Näin sitten kävi, että Ronettesin Baby I Love Youlla laulaa vain yksi oikea Ronette. Ja jotta menisi vielä sekavammaksi, niin Baby I Love You-levytyksessä Estelleä ja Nedraa paikkasivat Darlene Love ja Cher. Viimeksi mainittu lauloi myös useissa muissakin Spectorin projekteissa. Wall Of Sound luo tälle(kin) biisille melkoisen mahtipontiset puitteet. Sävellys on hieno ja periaatteessa se toimisi huomattavasti yksinkertaistetumpanakin. Mutta olisiko siitä sellaisena tullut niin suuri hitti kuin siitä lopulta tuli.

Sanat ovat sieltä naivimmasta päästä, mutta Veronica laulaa ne niin tunteella ja uskottavasti, että kuka tahansa uskoo, että nyt ollaan tosissaan. Välillä voi rakastaa niin kovaa, ettei sitä pysty edes sanomaan. Ja kun oikein rakastaa, niin se sattuu, niin että se saa kyyneleet silmiin.

Voi beibi mä rakastan sua!

Aika nopeasti bändi kuitenkin kuihtui ja lopulta hiipui kokonaan. Estelle ja Nedra eivät aina olleet tyytyväisiä siihen, että Veronica sai kaiken huomion. Joskus he tunsivat olevansa pelkkiä taustalaulajia. Tämä ei kuitenkaan vaikuttanut tyttöjen keskinäisiin väleihin. He pysyivät hyvinä ystävinä. Myöhemmin Ronnie yritti vielä kerra saada Ronettesia yhteenkin, mutta muut eivät olleet enää asiasta kovinkaan innostuneita. Ronettes oli ohi.

Ronettesin kulta-ajan hittejä olivat myös Walking In The Rain, Be My Baby ja Breaking Up. Lisäksi bändi esiintyi kuuluisalla Phil Spectorin joululevyllä esittäen biisit I Saw Mommy Kissing Santa Claus ja Sleigh Ride. Näitähän kuulee edelleenkin joka joulu radiosta.

No, mitäs sitten tapahtui. Ainakin sitä, että Veronica Bennetistä tuli Ronnie Spector. Vuonna 1968 hän nimittäin meni naimisiin Phil Spectorin kanssa. Ilmeisestikin Ronnie vielä uskoi Philin narsismille olevan jotain tehtävissä. 1973 hän totesi, ettei ehkä sittenkään ole ja pari haki avioeron.

Ronnie Spector on aina silloin tällöin näkynyt julkisuudessakin. Hän on tehnyt pari soololevyäkin, mutta ne eivät ole saaneet suurempaa suosiota.

Nedra Talley tutustui ja rakastui jo 60-luvun puolivälissä Radio-dj Scott Rossiin. Pari meni naimisiin ja ovat vielä tänä päivänäkin. Nedra on tehnyt ainakin yhden soololevyn.

Estelle Bennett kuoli syöpään vuonna 2009. Hänkin oli yrittänyt joitain soolojuttuja Ronettesin hajoamisen jälkeen ilman mainittavaa menestystä.

Vuonna 2007 Ronettes sai suuren kunnian, kun bändi valittiin Rock And Roll – Hall Of Fameen. Julkistamisen suoritti Keith Richards, mies joka kuulemma 60-luvun puolivälissä Ronettesin Englannin vierailulla oli ollut aika läheisissä tekemisissä Ronnie Spectorin kanssa. Mutta niin oli kuulemma ollut John Lennonkin. (Hetkinen! Kuinkas vanha Ronnie siihen aikaan vielä olikaan?)

Mistä näistä tietää – rokkareista. Tarinoita syntyy. Ne kulkeutuvat korvasta korvaan ja muuttuvat joka kerta hieman kun niitä kerrotaan. Varsinkin julkkisjuorut.

Baby I Love Youn cover-versioista ehdottomasti kuuluisin löytyy Ramonesin End Of The Century levyltä, jonka muuten tuotti, yllätys yllätys, Phil Spector. Levyn vivahteisen ja vaiherikkaan äänitysprojektin päätteeksi saatiin tulokseksi loistava rokkilevy, jota Ramot itse eivät nostaneet kovinkaan korkealle. Johtuen juuri Spectorista, jonka palkkaaminen levyn tuottajaksi oli bändin mielestä virhe. Baby I Love Yousta tuli kaupallisesti ajatellen kuitenkin Ramonesin suurin hitti. Tykkäsivät kundit siitä tai eivät.

Mielenkiintoinen pointti Ramonesin Baby I Love Yousta on muuten vielä se, että biisillä esiintyy Bändistä ainoastaan laulaja Joey Ramone. Soitinosuudet hoitaa sinfoniaorkesteri. Aivan niin kuin Ronettesin alkuperäisellä esiintyi ainoastaan Veronica.

92

SIMPLE MINDS – DON'T YOU (FORGET ABOUT ME)

(1984)

Breakfast Club vuodelta 1984 on 80-luvun nuorisoleffojen yksi jämerimmistä kulmakivistä. Se ei sorru niihin kliseisiin, mikä tekee suurimmasta osasta nuorisoleffoja viisi vuotta myöhemmin lähes hävettäviä katsottavia. Ei - Brekfast Club on upea elokuva, jossa viisi nuorta, uutta, nousevaa ja loistavaa näyttelijäkykyä tekevät hienot luonneroolit. Emilio Estevez, Molly Ringwald, Anthony Michael Hall, Judd Nelson, Ally Sheedy. Kaikilla edessä loistava tulevaisuus. Megastaraa ei tullut kenestäkään, mutta tuttuja naamoja useistakin elokuvista ja tv-sarjoista matkalla kohti nykypäivää.

Oikeastaan Breakfast Club ei ole sittenkään ihan pelkästään nuorisoelokuva, vaikka sitä nimenomaan nuorisolle markkinoitiinkiin. Se olikin loogista, sillä viidestä nuoresta moni teini löysi helposti oman samaistumiskohteensa. Juuri sitä lienevät leffan käsikirjoittajat hakeneenkin.

Ennemminkin Breakfast Club on ihmissuhdedraama, jossa viisi erilaista ihmistä pistetään suljettuun tilaan ja sitten seurataan kuinka nämä käyttäytyvät muulta maailmalta suljetussa ympäristössä. Kyllä - ihan niin kuin Big Brotherissa. Paitsi siinä missä Big Brother kestää viikkotolkulla, kestää tämän elokuvan viikonloppu-jälki-istunto "vain" yhdeksän tuntia. Mutta siinäkin ajassa ehtii tapahtumaan paljon.

Tyypillinen nuorisoelokuva se ei ole siinäkään mielessä, että elokuvasta puuttuu kaikenlainen ryyppäys, rälläys, seksistiset vihjailut ja vilauttelut.

Elokuvan tunnuskappaleen pääsi tekemään skottibändi Simple Minds. Alunperin biisiä oli ympätty Billy Idolille, mikä olisi ehkä sopinut hyvinkin. Vähän samantapainen löysärytminen kappalehan se on, kuten esim. Flesh For Fantasy tai Eyes Without A Face. Billy ei asiasta innostunut mikä saattoi jälkeenpäin vähän patittaa. Hän kyllä sitten myöhemmin levytti kappaleen yhdelle kokoelmalleen. Billyn versio on yhtä astetta rankempi, mutta jollain tapaa laulu on vähän karaokemainen, mikä antaa sille äkkiä sutaistun tunnelman. Pikkasen täyteraidan makua. Ehkä asiasssa olisi nähty enemmän vaivaa jos biisi jo alunperin olisi Billylle kelvannut.

Myös Bryan Ferrylle kappaletta tarjottiin, mutta ei (onneksi?) natsannut. Itse olen jotenkin Bryan Ferryä pitänyt aina niin kalsana äijänä, ettei hän varmaan olisi saanut biisiin sitä tarvittavaa lämpöä ja läsnäoloakaan missä Jim Kerr onnistui mainiosti.

Simple Minds ei ehkä ollut Suomessa ihan eturivin bändejä, mutta kyllä Don't You Forget About Me täälläkin tunnettiin. Eikä pelkästään elokuvan kautta. Alive And Kicking ja Waterfront olivat soineet Suomenkin radiossa jonkin verran. Ainakin sen verran, että kiinnostuneet olivat löytäneet bändin. Rockmusiikki ei todellakaan ollut itsestään selvyys sen aikaisilla radioaalloilla - ainakaan Suomessa. Joskin tuohon aikaan oli tilanne vähitellen jo paranemassa. Myös nuoriso- ja musiikkilehdillä oli huomattavasti merkittävämpi asema kuin tänä päivänä. Niistäkin Simple Minds oli tullut monelle tutuksi.

Jollain tapaa miellän Don't You Forget About Men kappaleeksi, jossa joku muistelee menneitä ja ehkä suree asioita, joita ei koskaan tehnyt. Laulaja miettii muistaako joku tietty ihminen häntä lainkaan. Hän ei ehkä aikanaan tehnyt sitä ratkaisevaa lähestymisyritystä ja niinpä toinen saattoi jäädä täysin tietämättömäksi hänen tunteistaan. Nyt se on jo myöhäistä ja sitä voikin murehtia itsesääliin käpertyneenä. Vettä sataa eikä kukaan välitä - enää. Joskus ehkä välittikin, mutta se aika oli ja meni jo.

Vähän sellainen tämä biisikin on. Flegmaattinen ja löysärytminen.

Jokseenkin mahdoton tanssittava. Sellaisia kuin ovat lähes kaikki muutkin Simple Minds-biisit. Voisiko tätä rinnastaa siinä mielessä murheen alhossa soutavaan Suomi-iskelmään. Ehkä joo, vaikkakin aika huterasti, mutta siinä missä Suomi-mies istuu baarin nurkassa itkemässä tuoppi edessään, niin tämä Simple Minds-tyyppi kulkee yksin sateessa itkemässä. Kaulukset ylös nostettuna. Hiljaa miettien ja muistellen vanhoja hyviä aikoja ja ihmisiä. Missähän he ovat nyt? Elokuva Breakfast Clubkin on ehkä jonkun elokuvan päähenkilön muistelua. Takauma nuoruuteen, kouluvuosiin, vanhoihin ystäviin. Tai vain yhteen päivään, jolloin tapahtui jotain tärkeää. Jotain mikä vaikutti ehkä koko loppuelämään.

Jotain tällaista voisi ajatella vaikka elokuvan loppukohtauksesta, jossa jälki-istunto on loppunut ja valvojana toiminut koulun rehtori on yksin jäänyt saliin. Hän löytää kirjeen, jonka yksi oppilaista on kirjoittanut. Kirjeessä tämä valottaa kunkin oppilaan yksilöllisyyttä ja kehottaa rehtoriakin näkemään ennakkoluulojensa taakse. Tämä kun tuntuu näkevän omat oppilaansa vain suurinpiirtein menetettynä sukupolvena. Elokuvan erilaiset nuoret ovat kuitenkin kaiken erilaisuutensa takaa löytäneet toisensa ja oppineet siinä ohessa ehkä jotain uutta myös itsestään.

Ainakin minulle jäi leffan lopusta mielikuva, että tämän jälki-istunnon jälkeen vasta koko tarina alkaa. Enkä mitenkään ole voinut välttyä myöskään siltä tunteelta, että jotain tuttua siinä on. Mistä? En tiedä, enkä sen tarkemmin en osaa sitä määritellä. Se nyt vaan jotenkin tuntuu siltä. Hieno leffa!

SLADE – CUM ON FEEL THE NOIZE

(1973)

Kyllä rassaa välillä kiekkomatseissa, kun hallien dj:t soittavat tätä biisiä. Ei se, että soittavat, vaan se, että soittavat väärää versiota. Halleissa kun soi Quiet Riotin näkemys aiheesta vuodelta 1983. Kymmenen vuotta jälkeen alkuperäisen Sladen version. Riskinähän tässäkin on se, että ihmiset luulevat tämän olevan se ainoa, aito ja alkuperäinen versio ko. kappaleesta. Näinhän on monen muunkin kappaleen kanssa.

Vähintään yhtä paljon sieppasi silloin, kun Eminem sämpläsi Sing For The Moment-biisiinsä Aerosmithin Dream Onia. Ei tässäkään se, että sämpläsi, vaan se, että nouseva polvi luuli, että tämä on jollain tapaa Eminemin sävellys, tai jotain sinne päin. Muutenhan Sign For The Moment on ihan kelpo kamaa.

Mutta silloin kun ikuisesti tuntemattomuuteen (toivottavasti) jäänyt The Ataris bändi raiskasi Don Henleyn Boys Of Summerin kiehahti kunnolla. Se oli pyhäinhäväistys. Nuoremmilla työkavereilla ei ollut hajuakaan alkuperäisestä. Teki melkein mieli itkeä.

Mutta takaisin Cum On Feel The Noizeen: Ihan ok:han se tuo Quiet Riotinkin versiokin on, mutta vain ihan ok. Biisistä puuttuu se valta, voima ja vaarantunne mikä alkuperäisestä löytyy. Tuomion voi tehdä jo ensimmäisen parin sekunnin perusteella. Alkuperäinen alkaa Noddy Holderin huudolla: BEIBE, BEIBE, BEIBEE!!! JEAH!!! Ja sitten vyöryy kaikki päälle.

So you think I have an evil mind, well I tell You honey....

Varmaan Quiet Riotkin haki yhtä iskevää aloitusta, mutta Kevin DuBrow ei siihen ehkä pystynyt, niinpä QR:n versio päätettiin alkaa suoraan kertosäkeestä. Vain laulu ja rumpukomppi. Oasiskin on muuten versioinut Cum On Feel The Noizen, mutta ei siitä sen enempää. Kunhan läpisoittivat helvetillisellä volyymilla. Aika p.....

Cum On Feel The Noizessa nirppanokkainen leidi naputtaa äijänsä puutteista ja ominaisuuksista. Sanoituksessa käydäänkin eräänlainen vuoropuhelu miehen ja naisen välillä. Emäntä antaa tulla täydeltä laidalta ja kertoo miehensä oleva mm. pirullinen ja ajastaan jäljessä oleva ihminen. Hän on myös laiska ja irstas. Ja kaiken lisäksi vielä hassun näköinenkin. Mies suhtautuu leppoisasti asiaan ja kommentoi kutakuinkin vain, ettei huoleta. Mutta siinä vaiheessa kun nainen toteaa, että heillä menee huonosti ja kaataa senkin ikään kuin vain miehen syyksi, tämäkin avaa suunsa ja toteaa, että naisellakin olisi syytä katsoa peiliin. Tällaisia vastaavia keskusteluita on ehkä joskus jossakin käyty ihan oikeastikin. Luulisin.

Ihmissuhdelaulu on siis pohjimmiltaan kyseessä. Huumoriakin on mukana kosolti. Yleensäkin Sladen biiseissä huumori on aina jollain tapaa mukana. Oikeastaan se näkyy jo kundien ulkonäöstäkin. Joskus olen miettinyt sitäkin, että kuinka itsetietoista tuo Sladen ulkoinen "pelleimago" onkaan ollut. Täysin vakavissaan kundit eivät varmasti olleet ulkoisen habituksensa suhteen.

Tavallaan Slade oli 70-luvun alkupuolella väärin ymmärretty bändi. Ensin se rinnastettiin jalkapallohuliganismiin. Tämä johtui varmasti pitkälti siitä, että bändin musiikki oli hyvin aggressiivista. Livetilanteissa äänekäs räime lietsoi joukot joskus hyvinkin riehakkaaseen tunnelmaan. Vielä kun bändin yleisö koostui samankaltaisesta (ja aika pitkälle varmaan samastakin) miesvoittoisesta yleisöstä, joka matsien ohessa ajautui/hakeutui ongelmiin. Hiusmuotikin oli monesti samanlainen - skinhead. Myöhemminhän Slade antoi tukkansa kasvaa.

Sitten Sladesta yritettiin tehdä glam-rock bändiä. Sitäkään se ei ollut, vaikka vielä nykyäänkin glam-rockista puhuttaessa Slade on ensimmäisiä esiin nousevia nimiä. Slade nyt vaan sattui olemaan glam-rockin valtakautena suosituimpia orkestereita ja keikkuipa vielä listojen kärkipäässä usean singlen voimin. Bändi kyllä pukeutui raflaavasti kimalteisiin ja korkokenkiin, mutta kyseessä oli ehkä ennemminkin pienestä piruilusta teinipoppareille. Slade oli rehti rokkibändi rehdeille rokkihemmoille, eikä mitään lässypoppia varhaisteineille.

Bändin oikein kirjoituksessa oli toivomisen varaa. Tai sitten kaverit kirjoittivat niin kuin puhuivat. Eli Wolverhamptonissa, mistä bändi oli lähtöisin, puhuttiin niin kuin bändi biisinsä nimesi: Cum On Feel The Noize, Gudbuy T'Jane, Look Wot You Dun, Coz I Love You... Tällainenhan sai tietysti äidinkielen opettajat kapinaan bändiä vastaan. Nuoriso turmeltuu, kieli kuihtuu ja köyhtyy. (Kuulostaako tutulta tänä päivänä?)

Kakarat kuitenkin tykkäsivät ja levyt kävivät kaupaksi. Vuosina 1971 - 73 Sladella oli kuusi listaykköstä Englannissa ja lukematon määrä muita hittejä. Meininki oli sen mukaista ja tuntui, että kaikki oli mahdollista.

Sitten tapahtui jotain ihmeellistä - bändi katosi. Slade jatkoi kyllä edelleen olemassaoloaan, mutta alamäki oli lähes pystysuora. Biisit eivät enää soineet radiossa, levyt eivät enää käyneet kaupaksi ja sitä myötä levyjä ostavalta yleisöltä unohtui koko bändi. Esiintymislavat pienenivät ja siinä ohessa tietysti myös yleisömäärät. Kaverit olivat itsekin ihmeissään ja nimesivät pari levyäkin itseironisesti tilannetta kuvaten: Whatever Happened To Slade? ja Return To Base.

Muutaman kellarivuoden jälkeen bändille tarjottiin yllättäen uutta mahdollisuutta. Siitä suuri kiitos kuuluu Ozzy Osbournelle, joka peruutti viime hetkillä Readingin festarikeikkansa vuonna 1980. Järjestäjille tuli hätä korvata yksi festareiden odotetuimmista esiintyjistä. Joku kekkasi Sladen. Hieman epäröiden bändi buukattiin, mutta kuinka ollakaan, Slade vei koko potin. Arvostelut olivat ylistäviä ja sitä kautta uusi polvi löysi bändin.

Vuonna 1982 Readingin ihme uusiutui Suomessa ja Oulun Kuusrockissa. Tuolloinkin Sladen buukkamiseen oli syynä toisen bändin peruuttaminen. Tällä kertaa peruutti Michael Schenker Group. Taas odotukset olivat epäileviä: Eikös tämä bändi ole jo pois muodista. Vaan ei ollut. Kuten Readingissäkin, Slade pesi taas koko porukan.

Seurasi muutama levy astetta raskaampaa rokkia ja jopa pari hittiä: My Oh My (-83), joka nousi brittilistalla peräti kakkoseksi ja Run Runaway (-84), joka nousi seitsemänneksi. Viimeksi mainittua sentään kuuleekin aina välillä jossain. Biisi kuuluu siihen luokkaan, jonka kaikki tietävät, mutta jonka esittäjää kukaan ei tiedä. Pikkuhiljaa kuitenkin alkoi aika taas ajaa Sladen ohi. Bändi jatkoi, mutta vuosien myötä Noddy Holder (Laulu & gtr) ja Jimmy Lea (b) jättäytyivät pois bändistä. Dave Hill (gtr)ja Don Powell (dr) jatkoivat korvaavilla miehistöillä.

Slade on olemassa edelleen, mutta suuren kuuluisuuden aika on auttamattomasti takana. Suomessakin ovat silloin tällöin poikenneet, mutta kaikessa hiljaisuudessa. Näitä keikkoja ei ole isommin mainostettu lehdissä ja mediassa. Toivottavasti joku on aina kuitenkin paikalle tiensä löytänyt. Ehkä lavaenergia ei ole enää sitä luokkaa, kuin se joskus oli, mutta se ei välttämättä kuulu soitossa. Sitäpaitsi sellaisesta määrästä hittejä, joka Sladen aarrearkusta löytyy, olisi lähes jokainen maapallon bändeistä kateellinen.

SPENCER DAVIS GROUP – GIMME SOME LOVING

(1966)

Birminghamin musiikkielämä oli 60-luvun lopulla vilkasta. Kaupunki jäi kuitenkin sattuneista syistä Liverpoolin ja Lontoon varjoon bänditarjonnallaan. Keski-Englantilaista Birminghamia ei ehkä pidetty niin merkittävänä musiikkikaupunkina, vaikka sieltä ilmaantuikin vähintään yhtä merkittäviä bändejä kuin edellä mainituista metropoleista. Kaupungilta puuttui kuitenkin se selvä ykkösbändi, joka olisi iskeytynyt koko kansan tietoisuuteen ja samalla vetänyt muut perässään. Juuri niin kuin Beatles teki Liverpoolille.

Mutta jos lyödään tiskiin sellaisia nimiä, kuin Black Sabbath, Moody Blues, Spencer Davis Group ja Move, jonka raunioista syntyi myöhemmin Electric Light Orchestra, ei Birminghamin musiikkiskeneäkään voi olla noteeraamatta. Monipuolisuudessaankin se kuulosti huomattavasti mielenkiintoisemmalta, kuin esimerkiksi Liverpoolin mersey-beat, joka hallitsi tuon seudun musiikkia niin vahvasti, että välillä tuntuukin, ettei siihen aikaan Luoteis-Englannista muunlaisia bändejä tullutkaan.

Swanseasta Birminghamiin opiskelumielessä muuttanut Spencer Davis kierteli opintojen ohessa klubeilla bändejä ja mahdollisia soittokavereita katsastellen. Sellaiset löytyivätkin Pete Yorkista (dr.) ja Mervyn "Muff" Winwoodista (bs.), joiden kanssa Davis (gtr.) pisti pystyyn toistaiseksi nimettömän trion. Kundit treenasivat jossain birminghamilaisessa kellarissa vanhoja blues-juttuja, mutta eivät saaneet mielestään hommaa täysin toimimaan. Jotain tuntui puutuvan. Laulusta huolehtinut Spencer Davis ei ollut tyytyväinen omaan lauluunsa kaikissa biiseissä ja muutenkin soittoon tarvittiin lisää ulottuvuuksia. Muff ehdotti omaa 14-vuotiasta pikkuveljeään Stevietä, joka kuulemma osasi laulaa, soittaa koskettimia, kitaraa, huuliharppua ja vaikka mitä muuta, minkä vaan sattui käteensä saamaan. Little Stevielle päätettiin antaa mahdollisuus, eikä sitä päätöstä tarvinnut katua jälkeenpäin.

Beatlemaniaan heräävä valtakunta ei saanut bändiä muuttamaan musiikillista suuntaustaan, vaan kundit jatkoivat jo valitsemallaan tiellä: Amerikkalaisesta soulista ja bluesista vahvasti vaikutteita hakevaa rock-musiikkia. Spencer Davis Groupin ohella tyylilajin keulakuvina rokkasivat mm. Animals, Yardbirds, Fleetwood Mac ja Pretty Things, joiden vaikutus onkin ollut vahva koko brittiläiselle rock-kulttuurille. Mutkien kautta oikaistuna on sanottu jopa, että esim. heavy-rock kehittyi Englannissa näiden bändien myötä. Ei se ehkä kovin kaukaa haettua ole, mutta ei myöskään ihan koko totuus. Mutta ainakin volumetaso nousi silloin muutaman pykälän.

Vielä noita edellä mainittuja bändejä syynätessä ja aikakautta ajatellessa tuleekin yllättäen mieleen, että olivatko parhaat "amerikkalaiset" bändit 60-luvun alussa brittiläisiä. Näin taisi olla, sillä jenkeistä ei tuohon aikaan näin kovia akteja löytynyt. 60-lukua pitääkin mennä aika pitkälle, ennen kuin amerikkalaisten oma rock-musiikki alkoi löytää sijaa sikäläisillä myyntilistoilla. Siihen asti sekin oli ollut aika pitkälle brittien heiniä.

Vuonna -64 Spencer Davis Group meni studioon levyttämään ensisinkkuaan. Biisi oli John Lee Hookerin Dimples. Levyä tehdessä tuli eteen pakkotilannetilanne: bändille piti vihdoin viimein keksiä nimi. Sekin ehkä jollain tapaa kuvastaa kundien intoa ja omistautumista musiikille, että edes nimeä ei oltu vielä ehditty bändille keksiä. On varmasti olemassa paljonkin bändejä, jotka keksivät ensin itselleen vetävän nimen ja vasta sitten alkavat vääntää musiikkia. Nimeä mietittiin ja pohdittiin, mutta hattu oli tyhjä. Viimein Muff sai kuningasidean: Spencer Davis Group! Koska mielikuvituksellisempaakaan ideaa ei kellään ollut, niin se sai sitten olla siinä: Spencer Davis Group. Hyvältähän se kuulostaa vieläkin. Ja hyvältä kuulostaa Dimpleskin. Bändi soitti tiukasti ja nyt jo 15-vuotias Stevie Winwood pisti laulusuorituksellaan musiikkikriitikot polvilleen. Vertauksilta esim. Ray Charlesiin ei voitu välttyä. Eikä se taika ollut pelkästään Stevien äänen sävyssä, vaan myös siinä draivissa, millä Stevie biisin vetää. Nuori valkoinen poika, mutta ääni kuin täysikasvuisella neekerillä. Tummapintaiseksi moni häntä äänen perusteella luulikin.

Nykyäänhän näitä teini-talentteja pulpahtaa esiin lähes jokaisessa Idolsissa ja X-Factoryssä, ainakin Amerikan versioissa, mutta lähes kaikki ovat kuitenkin pitkässä juoksussa osoittautuneet pikaisiksi tähdenlennoiksi. Sitäpaitsi Stewie Winwood oli muutakin kuin pelkkä laulaja. Hän oli musiikin moniosaaja, jonka ansiota suuresti oli koko Spencer Davis Groupin maine ja menestys. Hän viettää näinä vuosina jo 50-vuotis-taiteilijajuhlaansa. Sikäli mikäli sellaisia haluaa viettää.

Dimples ei kuitenkaan vielä kummoista suosiota saavuttanut, vaikka kelpo debyyttisinkku olikin. Pari seuraavaa sinkkua nousi jo 40:n sijan huitteille brittilistalla ja ensilevykin tuli tehtyä vuonna 1965 (Their First LP), mutta sekään ei vielä löytänyt tietään koko kansakunnan korviin.

Seuraavana vuonna, 1966, tärähti sitten jo kunnolla. Heti tammikuussa, toiselta levyltä (The Second Album) irrotettu sinkkubiisi, Keep On Running nousi Englannissa ykköseksi ja kolme kuukautta myöhemmin seuraava sinkku Somebody Help Me teki saman. Kumpikaan biiseistä ei ollut kundien omaa käsialaa, vaan ne oli tehnyt jamaikalainen Jackie Edwards, joka oli myös levyttänyt itse molemmat kappaleet. Edwardsin versiot menisivät täydestä millä tahansa Motown-kokoelmalla, mutta hyvin ne rockiksikin kääntyivät.

Covereita oli ensilevyillä enemmänkin, eli suurin osa kaikista biiseistä oli muiden käsialaa. Oman tuotannon puute olikin yksi Spencer Davis Groupin ongelmakohdista ensilevyillä. Joskaan sekään ei oikeastaan ollut ongelma, sillä tällainen coverointi oli siihen aikaan melko yleistä. Ainakin jos bluesista puhutaan. Ja kun puhutaan , niin coverointihan on bluesissa yleinen trendi edelleen - ja tulee aina olemaankin. Hyvällä biisillä haluavat ratsastaa muutkin. Eikä siinä mitään: bluesissa se kuuluu vähän niin kuin asiaan.

Spencer Davis Groupin tuotannosta puhuttaessa nousee "aina" ensimmäisenä esiin Gimme Some Loving. Single julkaistiin lokakuussa 1966, kuukausi kolmannen LP:n (Autumn '66) jälkeen. Sitä ei kuitenkaan löydy levyltä, vaan kappale julkaistiin ainoastaan singlenä. Biisi oli kundien omaa tuotantoa. Tekijöiksi oli merkattu Winwoodin veljekset sekä Spencer Davis.

Vai oliko Gimme Some Loving sittenkään ihan omaa tuotantoa? Kappaleen bassointro, jonka ympärille biisi on rakennettu muistuttaa nimittäin suhteellisen paljon amerikkalaisen Homer Banksin kappaletta A Lot Of Lovea. Sävellyksinäkään kappaleet eivät kauhean kaukana toisistaan ole, mutta eivät ne kuitenkaan kopioita toisistaan ole. Myös A Lot Of Love oli ilmestynyt samana vuonna ja jollain tapaa tuo oli varmasti kulkeutunut birminghamilaisten korviinkin, sillä tuskin noin suora lainaus silkkaa sattumaa on. Ilmeisesti introa sai luvatta lainata, sillä isompaa kohua tästä tapauksesta ei koskaan noussut.

Isompaa kohua ei noussut myöskään siitä mielenkiintoisesta tarinasta, kuinka Gimme Some Loving ensi kertaa kulkeutui Amerikan mantereelle. Siitä ei ilmeisesti ole edes varmaa tietoa. Tai ehkä joku tietää jossain, mutta ei kerro. Juttuhan meni kutakuinkin niin, että Philadephialainen bändi Jordan Brothers sai vuonna 1966 silloiselta levy-yhtiöltään New Yorkista puhelinsoiton. Heitä pyydettiin saapumaan paikalle kuuntelemaan erästä demonauhaa, jonka joku oli jostain saanut käsiinsä. Myöhemmin selvisi, että tuolla demolla soitti ja lauloi Stewie Winwood niminen englantilainen kaveri kappalettaan Gimme Some Loving. Kappaletta ei ollut vielä levytetty ja nyt sitä ehdotettiin Jordan Brothersille. Tokihan kaverit hyvän biisin tunnistivat. Niinpä he levyttivät sen ja hittihän siitä tuli. Ei megahitti, mutta ainakin Bostonissa, New Yorkissa ja Philadelphiassa sitä myytin huomattavia määriä. Kun Spencer Davis Group sitten loppuvuodesta julkaisi omansa ja kun se nousi USA:n listalla sijalle seitsemän, niin monet luulivatkin sitä coveriksi Jordan Brothersin alkuperäisestä. Mikä oli tietysti tavallaan tottakin, muttei kuitenkaan koko totuus. Jordan Brothersit saivat siitä kuitenkin isoimman hittinsä, vaikka olivatkin sen (ehkä) luvatta levyttäneet.

Spencer Davis Group ei koskaan, "amerikkalaisuudestaan" huolimatta, lyönyt täysillä läpi USA:ssa. Gimme Some Loving nousi siellä listasijalle seitsemän ja seuraavana vuonna ilmestynyt I'm A Man sijalle kymmenen. Myöskään I'm A Mania ei bändin virallisilta levyiltä löytynyt. Sekin julkaistiin vain sinkkuna, mutta ainakin nykyään julkaistuilta cd-painoksilta näyttää I'm A Mankin löytyvän ja lisäksi myös muita bonusbiisejä.

Vuonna 1967, I'm a Manin ja kolmen LP:n jälkeen, Winwoodin veljekset jättivät bändin. Spencer Davis Group ei kuitenkaan hajonnut, vaan bändi jatkoi levyttävänä kokoonpanona ainakin vuoteen 1974 saakka. Stevie oli bändistä lähtiessään 17 vuotias, mutta osoittanut kykynsä muusikkona, joten ammatinvalintaongelmia ei ollut. Samana vuonna hän perusti Trafficin, josta erosi 1969. Seuraava askel oli Blind Faith: vain yhden levyn tehnyt super-kokoonpano, jossa Winwoodin lisäksi musisoivat Eric Clapton, Ginger Baker ja Ric Crech.

70-luvun lopulla hän julkaisi ensimmäisen soololevynsä ja sen jälkeen lisää harvakseltaan, silloin kun siltä on tuntunut. Suurimman yksittäisen menestyksen saavutti biisi Valerie vuonna 1982. Listoilla se ei noussut kovinkaan korkealle, mutta sai kuitenkin mukavasti radiosoittoa.

Erikseen pitää vielä mainita vuonna 2004 ilmestynyt Eric Prydzin dancehitti Call On Me, joka oli sämplätty suoraan Valerien ympärille. Stevie Winwoodin luvalla toki ja löytyy hänen nimensä kappaleen tiedoistakin. Call On Me nousi Englannissa listaykköseksi, joten sitä kautta Stevie Winwoodkin nousi taas listaykköseksi. Edellisestä kerrasta olikin jo kulunut 38 vuotta. Menestystä edisti vielä hemmetin hyvän näköinen video.

Gimme Some Loving suomettui 1977 Mikko Alatalon esittämänä. Tamperelainen sanoittajaguru Harri Rinne kekkasi, että Gimme Some Lovinghan kääntyy huonona suomennoksena Anna Mulle Lovee! Harri ei itse ollut laulumiehiä, joten hän pisti Mikko Alatalon laulamaan oivalluksensa. Mikko saikin biisiin mukavasti meininkiä, vaikka vähän kieli poskessa sen vetikin. Toisaalta kun miettii, niin olisiko sitä voinut jotenkin muuten vetäistäkään? Ehkä ei. Kappale sisällytettiin Mikon vuoden -77 levylle Rokkilaulaja.

Harri Rinne oli tehnyt Mikko Alatalon kanssa paljon yhteistyötä jo aiemminkin ja Mikko olikin Harrin tekstien tärkein tulkki. Toki myös samoissa piireissä vaikuttanut Juice teki paljon yhteistyötä Harrin kanssa, vaikka Juice luomisvaroiltaan suhteellisen omavarainen olikin.

Kun edellä mainittuun kolmikkoon lisättiin vielä Veltto Virtanen, saatiin yhtye nimeltä Välikausitakki. Bändi, joka teki aikanaan, vuonna -78, vain yhden keikan ja vain yhden levyn: Välikausitakki. Levy ei ollut lasten korville tarkoitettu. Levyn kannessa koreili pornolehden kansi ja levy sisälsi esimerkiksi 24 sekuntisen, Harri Rinteen säv./san./sovittaman kappaleen nimeltä Vittu! Tämä siis jo paljon ennen nykyaikaa. Voidaanko Välikausitakkia siis pitää jonkinlaisena edelläkävijänä?

Vuonna 1992 myös oululainen Rike Pietilän luotsaama Kolera-orkesteri versioi Anna Mulle Loveen. Jos Mikko Alatalon biisissä Mikko pyyteli vienosti kiertoilmaisun kautta rakkautta, oli Kolera uudessa sanoituksessaan huomattavasti suorasukaisempi. Puberteettisen pojan ajatusten tulkkina toiminut Rike Pietilä janosi sitä itseään – lovea.

STRAY CATS – RUMBLE IN BRIGHTON

(1981)

Brian Setzer, James McDonnell ja Leon Drucker olivat tuttuja jo kouluajoilta. James ja Leon olivat soittaneet samassa bändissäkin, mutta kun he vuonna 1979 päättivät lyöttäytyä trioksi pari vuotta vanhemman Brian Setzerin kanssa alkoi tapahtua. Yhtyeen nimeksi oli ensin tulla The Tomcats, mikä oli Brianin entisen bändin nimi, mutta viimein päädyttiin kuitenkin ratkaisuun The Stray Cats. Yhtyeen rock-uskottavuuden takia tarvitsi nimipolitiikkaan tehdä vielä pieniä viilauksia ja niinpä James ristittiin uudelleen Slim Jim Phantomiksi ja Leonista tehtiin Lee Rocker. Bändin nimeäkin piti vähän muokata ja siitä päätettiin pudotettaa vielä The pois. Bändi oli nyt siis vain Stray Cats ja nyt kun kaikki nimelliset tyyliseikatkin olivat kondiksessa alkoi kaikki olla suurinpiirtein valmista maailmanvalloitusta varten.

Nimen Stray Cats kundit kekkasivat vanhasta 1974 ensi-iltansa saaneesta englantilaisesta Stardust-nimisestä musiikkielokuvasta, jossa esiintyi Stray Cats-niminen fiktiivinen rokkibändi. Tässä elokuva-Stray Catsissa sattui olemaan suhteellisen kova kokoonpano, sillä se oli kasattu useista aikakauden tunnetuimmista britti-muusikoista. Mukana svengasi mm. David Essex, Keith Moon, Nick Lowe ja Adam Faith. Kitaristina Stray Catsissa oli Dave Edmunds, joka jostain sattuman oikusta tulisi vielä myöhemmin näyttelemään merkittävää osaa oikeassa elämässäkin ihan oikeasti olemassa olevan Stray Catsin kanssa. Vielä Stardust-elokuvan aikaan nämä tulevat Stray Catsit olivat teinipoikia ja soittelivat kotonaan

Amerikassa ihan muita juttuja.

Kaikilla tulevan Stray Catsin kolmikosta oli musiikillista menneisyyttä muustakin kuin rockin soittamisesta. Brian Setzer oli opetellut kitaransoittoa vanhojen jazz-miesten inspiroimana. Myös Slim Jimin rumpuoppi oli tapahtunut jazzin kautta. Lee Rocker taas oli klassisen puolen miehiä ja hänen aikaisempi soittovälineensä oli sello. Siitä olikin luontevaa hypätä läskibasson varteen. Onhan molemmissa neljä kieltä. Tiukka treenaminen ja ahkera keikkailu loivat yhtyeestä kovan lavabändin. Vastaanotto New Yorkin klubeilla oli vasta täysikäisyyden saavuttaneille soittajille suotuisaa, mutta kuitenkaan kaupallista menestystä esimerkiksi levydiilin suhteen ei bändi saanut aikaiseksi. Varmasti jotain olisi silläkin saralla ajan mittaan tapahtunut, mutta lyhyemmällä aikajänteellä ei oikeita henkilöitä tulevaisuuden kannalta löytynyt. Suuri syy siihen oli se, että aikakauden amerikkalaisessa musiikissa oltiin vahvasti valumassa entistä enemmän kaupallisuuden puolelle. Riskejä ei uskallettu ottaa tai ainakin niitä pyrittiin välttämään.

Radio oli alkanut muokata vahvasti suuren yleisön musiikkimakua ja raha määräsi mitä kanavilla soitettiin. Mainostajat alkoivat hallita markkinoita. Syntyi AOR. Lyhennys, josta ei taida vieläkään olla täyttä selvyyttä onko sen tarkoitus tarkoittaa Album Oriented Rockia vai Adult Oriented Rockia. Niin tai näin, mutta sen ajan jenkkiradiossa, ainakaan suuremmilla kanavilla, ei mitä tahansa meteliä voinut soittaakaan. AOR-musiikki suunnattiin aikuisemmalle väestölle, jolla katsottiin olevan enemmän ostovoimaa. Suomenkielinen termi aikuisrock voisikin olla siinä mielessä aika osuva sana kuvaamaan AOR:ia.

Kilpailu oli kovaa ja niinpä jos radiokanavan soittama musiikki ei mainostajaa miellyttänyt, tämä etsi toisen kanavan tuotteensa promotoinnille. Vaihtoehtoja oli riittämiin. Tästä seurasi tietysti se, että radiokanavat olivat lähes pakotettuja tasapäistämään musiikkitarjontansa tavoittaakseen mahdollisimman suuren kuulijakunnan. Tämä taas vaikutti luonnollisesti myös siihen, että monikaan levy-yhtiö ei ollut kovinkaan halukas tarttumaan valtavirran ulkopuolisiin artisteihin. Sellaisia bändejä kuin Toto, Boston, Journey, Kansas, Asia, Chicago, Reo Speedwagon, Styx ja Supertramp kuultiin aalloilla ihan riittämiin. Sen sijaan vähänkin särmikkäämmillä orkestereilla oli vaikeampaa saada ääntään kuuluville.

Stray Cats kuului tähän särmikkäämpään seurakuntaan. Se oli Amerikan markkinoille liian valtavirrasta poikkeava bändi ja kundeilla oli kuitenkin selvä visio siitä, että he eivät halunneet olla mikään pienen piirin kulttibändi. Heidän tavoitteensa olivat huomattavasti korkeammalla.Vaikka niin pohjimmiltaan perinteitä mukaelevaa amerikkalaista rock'n'rollia kuin bändin musiikki olikin, niin 70-luvun lopulla siitä oli tullut jo kutakuinkin marginaalimusiikkia. Sellaiselle ei markkinarakoa Amerikan musiikkimarkkinoilta löytynyt. Ainahan maassa on toki alkuperäiselle rock'n'rollille fanikantaa löytynyt, mutta Stray Cats oli kuitenkin vielä jotain muutakin, jotain vaikeammin määriteltävää. Bändi oli sekoittanut rock'n'rolliinsa elementtejä joita ei siihen oltu aiemmin totuttu sekoittamaan. Se kuulosti joissain kappaleissa lähes punkilta (kuten esim. ensilevyltä Storm The Embassy) ja välillä jopa ihan jazzilta (Wild Saxophone). Sekoitus oli oudokseltaan niin hämmentävä jäyhille amerikkalaisille, että he eivät oikein osanneet tällaiseen sekameteliin suhtautua. Musiikin rajat olivat silloin vielä aika tarkoin määriteltyjä, eikä niiden yli oltu totuttu hyppimään. Vielä kun Stray Catsin kohdalla oli kyse niinkin vastakohtaisista musiikin lajeista, ei kukaan uskaltanut ottaa riskiä levy-yhtiön rahoja vastaan.

Samaan aikaan Euroopasta kuului kummia. Vanha 50-luvun musiikki oli noussut suureen suosioon ja luonut uuden Teddy Boy-kulttuurin. Tai sitten luonut Teddy Boy kulttuurin uudelleen. Amerikassa ilmiö oli suuremmassa mittakaavassa joitain yksittäisiä ilmiöitä lukuunottamatta lähes kuollut, mutta Eurooppa tarjosi musiikille uuden markkina-alueen. Itseluottamusta uhkuen ja omaan tekemiseensä uskoen Stray Catsitkin päättivät matkata vanhalle mantereelle koittamaan onneaan. Luontaisin valinta Euroopalle esittäytymistä ja jonkin uuden esilletuomista varten oli tietysti Lontoo. Kaupungin ilmapiiri oli Amerikan vastaaviin verrattuna huomattavasti avoimempi valtavirrasta poikkeaville bändeille jollainen Stray Catskin oli. Amerikassa ei ollut tulevaisuuden kannalta oikeita heppuja vastaan kävellyt, mutta Britanniaan oli kasvanut punkin ja uuden aallon myötä huomattavasti monipuolisemmat musiikkimarkkinat.

Vaikka kotikentällä ei läpilyöntiä ollut tapahtunutkaan, niin siellä saatu palaute oli luonut kundeille uskoa ja kasvattanut selkärankaa niin, että he olivat valmiita uhraamaan uransa eteen vähän enemmänkin. Osoitti erinomaista pelisilmää, riskinottokykyä ja uskoa omaan juttuunsa lähteä ison veden taakse itään. Sinne mistä liikenne on yleensä ottaen ollut ehkä enemmän toisinpäin. Se kannatti, sillä britit ymmärsivät heti mistä on kysymys ja hommahan meni läpi samantien.

Amerikkalaisetkin kyllä löysivät Stray Catsin sitten myöhemmin, mutta siihen meni vielä kolmisen vuotta. Läpimurto kotimaassa tapahtui 1982, kun levy-yhtiö julkaisi kahdelta ensimmäiseltä levyltä kootun kokoelmalevyn Built For Speed. Edelliset levyt eivät olleet USA:ssa lunastaneet siihen mennessä minkäänlaista listasijoitusta, mutta Built For Speed nousikin samantien listalla kakkoseksi asti. Englannissa ja Euroopasssa oli silloin jo kuumin rockabilly-huuma takanapäin ja Stray Catsin tähtikin oli jo laskevassa kurssissa.Tavoite Euroopassa oli kuitenkin silloin jo saavutettu ja bändin olikin luontevaa muuttaa takaisin kotiseuduilleen.

Stray Catshan ei suinkaan ollut ensimmäinen Englantiin uraansa nousuun saattelemaan lähtenyt jenkkibändi tai -artisti. Homman toimivuus oli todistettu jo aikaisemminkin. Tunnetuin juttu on tietysti Jimi Hendrix, joka vuonna 1966 muutti Englantiin Experienceään kasaamaan. Myös Detroitin kovin rokkimimmi Suzi Quatro teki saman ratkaisun 70-luvun alussa. Hänkin löysi Lontoosta bändin ja bändistä vielä aviomiehenkin, kitaristinsa Len Tuckeyn. Hendrixillä tärkeäksi henkilöksi Englannissa osoittautui manageri

Chas Chandler, Suzi Quatrolla säveltäjäparivaljakko Nicky Chinn / Mike Chapman. Stray Catsilla onnenpotkuksi osoittautui Dave Edmunds.

Erään Lontoon keikan jälkeen Dave Edmunds odotti kundeja takahuoneessa. Tarinan mukaan hän oli juuri ollut sekoittamassa itselleen gin tonicia kun bändi saapui kaikkensa antaneena paikalle. Epäilemättä totta. Daven maineen tuntien tämä on ollut ainakin hyvin todennäköistä. Noihin aikoihin hän soitti Rockpile-yhtyeessä ja bändikaverinsa Nick Lowe onkin joskus kertonut pitäneensä Dave Edmundsia pitkään rockbisneksen suurimpana juoppona. Käsitys oli kuitenkin muuttunut kun hän eräällä Suomen vierailullaan oli tavannut Albert Järvisen. Tämä oli tapahtunut vuonna 1978 Lowen ollessa Suomessa tekemässä joitain demonauhoituksia. Albert oli kutsuttu paikalle soittamaan muutaman soolon. Lieneekö Alppu ollut jännittynyt kansainvälisen tähden läsnäolosta tai muuten vaan liikuttuneessa tilassa vai mikä mätti kun Lowe ei sittemmin Albertin sooloja kelpuuttanut. Palattuaan Englantiin hän oli soitattanut soolot uudestaan jollain muulla kitaravelholla. Voi olla tottakin, mutta eipä ollut kuulemma Nick Lowe itsekään ihan nuhteettomimmasta päästä näissä viinamäen asioissa. Samaa ihmetteli silloin jopa Albert itsekin. Nukkumaan mentiin kun jaksettiin ja valveillaoloaika tintattiin nauhoitusten välillä prosenttituotteita siihen tahtiin, että suomipoikiakin hirvitti. Kuinkahan ne Rockpilen muut hemmot. Saattoi olla tapahtumarikkaita kiertueita. Suomessakin kävivät esiintymässä ainakin kerran - vuoden 1980 Ruisrockissa.

Mutta siis Dave Edmunds odotteli Stray Catsia keikan jälkeen backstagella. Hän oli näkemästään niin innoissaan ja tohkeissaan että vaati ehdottomasti päästä tuottamaan bändin ensilevyä ennen kuin kukaan muu asiasta ymmärtämätön ehtisi pilaamaan koko homman. Näkemykset kohtasivat ja Dave sai asianomaiset suostuteltua yhteistyöhön kanssaan. Vaakakupissa painoivat epäilemättä Daven menneet tekemiset perinteikkään rockin parissa, sillä musiikin suhteen miehellä oli sydän paikallaan. Hänen musiikilliset juurensa juonsivat vanhaan rockiin, rockabillyyn, bluesiin, countryyn ja muuhun juurevaan musiikkiin, joita hän raja-aidoista välittämättä yhdisteli onnistuneesti omaan musiikkiinsa. Ihan niin kuin Stray Cats nyt.

Ensimmäiset levytyksensä Dave Edmunds oli tehnyt jo 60-luvulla ja loppuvuodesta 1970 hänen esittämänsä uusioversio vanhasta 50-luvun biisistä I Hear You Knocking oli jopa noussut brittilistan kärkeen asti. Se oli viihtynyt siellä kokonaiset kuusi viikkoa ollen vielä seuraavankin vuoden ensimmäinen listaykkönen.

Rock-piireissä Dave Edmundsin arvostus oli jo silloin korkealla ja jatkui edelleen nousujohteisena. Soittohommien lisäksi hänellä oli omat meriittinsä myös musiikkittuottajana. Hän oli esimerkiksi jo ennen Stray Catsia tuottanut useita olennaisia brittirockbändejä, kuten mm. Flamin' Groovies, Ducks Deluxe, Foghat, Ufo ja jopa Motorheadin ensimmäisellä levyllä mies oli ollut muutamalla biisillä mukana. Esimerkiksi näillä työnäytteillä voi kiistatta sanoa, että Dave Edmunds oli paras mahdollinen valinta Stray Catsin ensilevyn tuottajaksi. Hänen avituksellaan levytyssopimuskin lohkesi helposti. Dave Edmundsilla oli valtava vaikutus siihen miltä Stray Cats tulisi myöhemmin levyillään kuulostamaan. Ei ainakaan liian siistiltä ja sliipatulta vaan ihan oikealta, likaiselta ja vaaralliselta, rock'n'rollilta.

Kaikki meni lopulta Daven ja Stray Catsin yhteistyössä niin nappiin, että vielä myöhemmässä historiassa hän tulisi tuottamaan kolme muutakin Stray Catsin levyä. Tänä päivänä Dave Edmunds on yksi brittirockin aatelisista. Mikään megatähti hän ei ole koskaan ollut, mutta monien sellaisten suuresti arvostama artisti, jonka tekemisiä ei kellään ole varaa kyseenalaistaa. Kitaristinakin hän on yksi saarivaltakunnan kovimmista jätkistä.

Suomeen rockabilly tuli 70-luvun lopulla. Elviksen kuolemalla vuonna 1977 oli suuri merkitys siihen, että 60-luvulla syntynyt nuoriso hurahti 50-lukulaiseen rock'n'rolliin. Tärkein käännyttäjä aikakauden teineille oli tietysti Suosikki-lehti, joka alkoi kirjoittaa Elviksen lisäksi muistakin alkuperäisistä rokkareista ylistävään sävyyn.

Buumi iski läpi todella nopeasti ja kovempaa kuin kukaan, tuskin edes Jyrki Hämäläinen, osasi odottaa. Yhtäkkiä katukuvaan alkoi ilmestyä sen ajan mukaisesti pukeutuneita torttutukkia, joiden takkien selkämystä saattoi koristaa Yhdysvaltain etelävaltioiden kapinalippu tai jonkun alan orkesterin nimi, useimmiten joko Crazy Cavan tai Matchbox. Ilmiö rantautui vahvasti myös muihin pohjoismaihin, Hollantiin, Saksaan ja Ranskaan, mutta ei mihinkään niin vahvasti kuin Suomeen. Ilmiötä ihmeteltiin emämaita Englantia ja USAa myöten, joista roudattiin bändejä tänne esiintymään erinäisiin jamboreihin ja väkeä keikoilla riitti.

Ilmiön mukana tuli kuitenkin myös lieveilmiöitä. Rockabillybändien habitus oli kova ja cool. Tämä heijastui samanlaisena myös kannattajien käytökseen, mistä aiheutui joskus ikäviä ylilyöntejä. Se ilmeni näkyvimmin suvaitsemattomuutena muita nuorisoryhmiä kohtaan. Kohteiksi joutuivat niin hipit kuin myös muut muut pitkätukat, joita hämyiksikin kutsuttiin. Hivutukseen riitti tarvittaessa syyksi jopa se, että hiukset ylettyivät vähän korvien päälle tai pukeutuminen oli muuten vain 60-lukulaista.

Suurimman antipatian teddyiltä kuitenkin saivat punkkarit. Samoihin aikoihin rockabilly-kuumeen kanssa maailmalle oli rantautunut myös punk-muoti musiikkeineen. Sen keulakuvana Suomessa heiluivat Eppu Normaali ja Pelle Miljoona, jotka herättivät teddy-piireissä suunnatonta ärsytystä. Teddyjen ulkoasu oli hyvinkin huoliteltu kauluspaitoineen, pillifarkkuineen, drapeineen ja spittareineen tai läskipojakenkineen. Hiukset olivat aina ojennuksessa ja jos eivät olleet kutrit kondiksessa, niin sitä varten kulki kampa aina takataskussa. Usein myös harja etutaskussa.

Punkkareille ei ulkonäkö ollut niin tärkeää asia. Tai oli, hyvinkin tärkeä, mutta eri tavalla. Hekin panostivat pukeutumiseensa kyllä, mutta se näkyi ulospäin ihan eri tavalla. Tarkoitus oli ärsyttää, herättää huomiota jopa pelkoa, etenkin vanhemmissa ihmisissä. Aika hyvin he tarkoituksissaan onnistuivatkin ja se johtikin aika ajoin turpajuhliin teddyjen kanssa. Useimmiten punkkarit saivat kuonoonsa, sillä hurjasta ulkoasusta huolimatta väkivalta ei ollut samalla tavalla "sisäänrakennettua" kuin teddy-boy-kulttuurissa. Mutta provosoinnissa punkkarit olivat mestareita.

Oli tässä kinassa vielä kolmaskin osapuoli: vähän vanhemmat rokkarit, jotka olivat molempien tahojen, teddyjen ja punkkareiden, yhteinen vihollinen - ja päinvastoin. Rokkareiden toteemipaalu oli tietysti Hurriganes ja paalun huipulle oli veistetty Remun profiili. Hurriganes oli saavuttanut Suomessa jo sellaisen aseman, että se oli oikeastaan jo enemmänkin kuin vaan ihan pelkkä bändi. Siitä oli tullut jo Suomi-rockin instituutio ja pelkästään jo senkin takia piti punkkareiden sitä vastustaa. Jotkut teddyistä kyllä diggasivat Ganesistakin (osa salaakin, sisäpiiritietoa asiasta on), mutta Remun kärkevät kommentit hilipilibändeistä ja tötterötukista eivät deanareita aina miellyttäneet. Hurriganes oli vihollinen, joka piti tiukasti puolensa buckjoneseja ja teddyandthetigersejä vastaan.

Ganes oli oman musansa suhteen ehdoton ja naureskeli näille rockabillyn tiluttajille. Ainakin Remu, joka taisi vähän nauttiakin koko hommasta ja osasi kyllä vetää oikeista naruista pitääkseen vastakkainasettelua yllä. Samalla Päällikkö veti suuren joukon samoin ajattelevia faneja mukanaan, mutta toisaalta veti kyllä samalla mattoa myös itsensä alta.

Niinpä nöyrtyä piti Remunkin. Nuorison keskuudessa Suosikki-lehden Karvapäägalleriaa pidettiin ehdottoman totuudenmukaisena listana siitä kuka tai ketkä ovat maamme ykkösiä kulloinkin. Hurriganes oli hallinnut ykkössijaa suvereenisti koko 70-luvun loppupuolen, mutta vuosikymmenen vaihduttua tulivat nämä uudet haastajat, joista ohi menivät Teddy And The Tigers, Eppu Normaali, Pelle Miljoona ja jopa Maukka Perusjätkä, joka kolmantena ollessaan pudotti Hurriganesin tylysti neljänneksi. Pitkän ykkösputken jälkeen Hurriganes ei enää koskaan noussut ykköseksi. 80-lukua pidemmälle mennessä sen esteiksi nousivat

113

edellämainittujen lisäksi mm. Paul Oxleys Unit, Hanoi Rocks, Yö ja Dingo. Kilpailu oli Karvapäägalleriassa kovaa, mutta kovaa se oli myös nuorisoryhmien välillä. Välikohtauksilta ei vältytty. Kaupungilla nyrkit heiluivat ja kivet lentelivät. Vihollisten keikkapaikoilla käytiin rikkomassa ikkunoita, särkemässä pulloja ja huutelemassa asiattomuuksia. Suosikin nuorisopsykologi Jammun palstallakin käytiin kuukausitolkulla keskustelua siitä kuka on kovin Eppu, Teddy vai Hurriganes. Aikakausi on todella kummallinen luku suomalaisessa nuorisohistoriassa. Väärän musiikkilajin kuuntelua pidettiin täysin pätevänä syynä lyödä kaveria kuonoon. Ainahan musiikin yksi tärkeimmistä tehtävistä on ollut herättää tunteita, mutta ei kai sillä nyt ihan edellä kerrottua ole koskaan tarkoitettu. Silloin 70-80-lukujen taitteessa ei Suomessa oltu vielä totuttu siihen, että rockmusiikin eri lajeja voisi yhdistellä. Se oli joko tai. Joko kuuntelet samaa musaa kuin me tai olet meitä vastaan. Kuulostaa todella kummalliselta. Mutta uskomatonta ja totta, nimittäin näin se oli.

Mutta sitten tuli Stray Cats, joka toi totuttuun rock'n'rolliin ihan uuden näkökulman. Ensilevy ilmestyi alkuvuodesta 1981 ja myi samantien Suomessa kultalevyyn oikeuttavan määrän. Siihen aikaan saavutukseen tarvittiin 25 000 myytyä yksikköä ja Suomi olikin historian ensimmäinen maa mistä Stray Cats kultalevyn sai. Tällä verukkeella yhtye saatiin Suomeenkin heti tuoreeltaan saman vuoden huhtikuussa.

Ensilevyllä rokkasi ennen kuulumattomalla tavalla bändi, jonka musiikin pohjana oli rock, rock'n'roll ja rockabilly, mutta silti siitä kuului selviä punk-vaikutteita. Loppuvuodesta 1980 ilmestynyt ensisingle Runaway Boyskin oli jo ollut vaikutukseltaan hämmentävä kokemus sekä punkeille että teddyille. Siihen asti heillä oli ollut musiikissa selvät rajat, joiden yli ei saanut astua. Nyt tuli maailmalta bändi, joka teki sen. Teki sen tyrmäävällä tyylillä ja vieläpä kahdelle rock-musiikin lajille, joilla ei pitänyt olla mitään yhteistä.

Kummatkaan eivät oikein ensiksi tajunneet mitä tämä oli, mutta diggasivat siitä heti. Tästä syntyi ristiriita siitä, että miten on mahdollista, että vihollisetkin tästä tykkäävät.

Stray Catsin imagoin oli sopivalla tavalla ristiriitainen ja ylilyöty kuohkeine kampauksineen, tatuointeineen ja lavahabituksinen. Etenkin Brian Setzerin överiksi vedetty tötterö sai heti jäljittelijöitä Suomessakin. Suosikki julkaisi jopa kuvasarjallisen jutun siitä, kuinka tehdään oikeaoppinen Stray Cats-kampaus. Toisaalta myös kundien takatukan pituus herätti aluksi epäröintiä rockbilly-väessä. Noin pitkätukkaisia oli totuttu nakkaamaan vastaan tullessa nokkaan ilman sen kummempia selittelyjä, mutta nämä häiskät olivatkin niin itsevarmoja ja röyhkeitä olemukseltaan, että heitä ei voinut kuin ihailla. Selviä punkkiin viittaavia vaikutteitakin olemuksesta löytyi. Tatuoinnit, niitit, rintamerkit, ketjut ja korvakorut olivat juttuja, joita ei teddy-pojilla oltu vielä totuttu näkemään. Ainakaan siinä määrin kuin Stray Cats niitä nyt lanseerasi. Ulkonäöksellisesti Stray Catsit olivat kuin sarjakuvahahmoja. Lienee ollut aika pitkälle myös tarkoitushakuista.

Nuorisojengien yhteenotot eivät ole aikojen saatossa olleet tietenkään pelkästään suomalainen ilmiö. Ajan saatossahan jonkinlaisia jengitappeluita tai heimosotia on ollut luultavasti kaikkialla maailmassa, mutta juurikaan missään muualla ne eivät ole kuitenkaan olleet niin paljoa eri musiikkityylien fanittamisesta lähtöisin kuin Suomessa. Amerikan suurkaupungeissakin nuorisojengit olivat tapelleet paljon jo aikaisempina vuosikymmeninäkin, mutta nuo jengitaistot eivät olleet niinkään musiikista lähtöisin. Siellä tappelivat muualta tulleet siirtolais- ja kaupunginosajengit ennemminkin vallasta, maineesta ja reviireistä.

Asiasta kertova Nicky Cruzin kirjoittama kirja Juokse Poika Juokse kuului aikanaan jokaisen nöösipojan lukulistalle pakollisena lukukokemuksena. Kirja on tositarina nuoren puertoricolaispojan muuttamisesta New Yorkiin 50-luvun alussa ja siitä kuinka hänestä tuli New Yorkin suurimman ja pelätyimmän jengin Mau Mauiden päällikkö. Tätä opusta tavasivat täkäläiset teddy-boytkin ahkerasti, ammensivat siitä maailmankuvaansa ja sovelsivat sitä omaan elämäänsä. Aika monelta kirjan sanoma meni kuitenkin ohi, sillä useimmat lopettivat sen lukemisen puoliväliin, eli siihen kun Nicky Cruz hurahti uskoon ja erosi jengistään.

Mutta vaikka Amerikka olikin suuri ja mahtava mallimaa, niin silti tämän väkivaltaisen rokkarikäyttäytymisen malli haettiin Englannista. Sikäläiset lienevät edelläkävijöitä näissä musiikkivakaumuksen takia tapelleista. Siellä näillä välienselvittelyillä on oma värikäs, verenpunainen, historiansa. Kuuluisimmat tapahtuivat 60-luvulla modien ja rokkareiden ottaessa yhteen. "Tapaamiset" osuivat usein Englannin etelärannikon pikkukaupunkeihin, jonne molemmat ryhmät omilla kulkupeleillään matkustivat. Rokkarit moottoripyörillä ja modit skoottereilla. Nahkaan pukeutuneet rokkarit kumarsivat 50-luvun rokkia kohti kun taas modeilla lähellä sydäntä oli enemmänkin soul, ska ja modernimpi brittirock.

Suurimmat historiaan jääneet yhteenotot tapahtuivat etelärannikon Margatessa ja Brightonissa, jonne molempien ryhmien edustajia oli kesällä 1964 saapunut paikalle satamäärin. Modien tapauksessa puhutaan jopa yli tuhannesta "rauhallisesti lomailemaan" tulleesta nuoresta. Rokkareilla lieni aluksi selvä määrällinen alivoima, mutta sanan kiiriessä saivat hekin pian apuvoimia paikalle. Kohtaaminen oli tuhoisa. Brightonin yhteenottokin kesti kaksi päivää ennen kuin poliisi ja kaksi paikalle saapunutta parlamentin jäsentä saivat yhteenoton loppumaan. Väkimäärään nähden henkilövahingot olivat sen aikaisia lehtiartikkeleita tulkiten kuitenkin yllättävänkin vähäisiä. Pari vakavampaa puukotusta ja lukematon määrä ruhjevammoja. Ilmeisesti välejä selvitettiin kuitenkin pääosin rehdisti nyrkein, vaikka monenmoisia lyömiseen käypiä välineitäkin kerrottiin käytettäneen. Lisäksi osapuolet olivat piilottaneet vaatteisiinsa ongenkoukkuja ja partakoneenteriä, jotta kiinni kävijät teloisivat lähikontaktissa itsensä niihin. Vuonna 1979 ensi-iltansa saaneessa elokuvassa Quadrophenia tämä Brightonin kahakka on yksi sen keskeisistä kohtauksista. Se on kuvattu alkuperäisellä tapahtumapaikalla ja Youtubesta katsottuna alkuperäisiä taltioituja tapahtumia vaikuttaa elokuvaversio hyvinkin autenttiselta kuvaukselta. Koko homma näyttää iloisesti karanneen kaikkien osapuolten käsistä. Moditkin, todennäköisesti nappipäissään, ovat lietsoneet itsensä sellaiseen joukkohysteriaan, että joukon kontrolli vaikuttaa kadonneen kokonaan.

Uskoisin, että Brian Setzerkin Quadrophenian suht' tuoreeltaan näki, mutta ensimmäisen idean Rumble In Brightoniin hän kuitenkin sai luettuaan sanomalehdestä jutun, jossa kerrottiin näistä vanhoista, jo lähes perinteisiksi muodostuneista, brittinuorison lomamatkoista. Amerikkalaisena hän ihmetteli suuresti asiaa. Oli outoa, että hänen itsensälaiset kaverit matkasivat jonnekin ihan vain vain sen takia, että pääsevät nyrkkietäisyydelle toisten kanssa. Jotain rockn'n'roll-henkeä hän uutisesta kuitenkin löysi. Väkivaltahan ei sinänsä kuulu rock-musiikkiin millään tavalla, mutta tietynlainen vaaran tunne ja kapina totuttuja arvoja vastaan taas ovat hyvinkin olennaisia osia sen ideologiassa. Näillä reseptin aineksilla Brian Setzer yhdessä Slim Jim Phantomin kanssa tekivät aiheesta kertovan biisin, joka sai nimekseen tietysti Rumble In Brighton. Komean kitarariffin ympärille rakennettu kappale suorastaan hyökkää silmille. Aivan kuten osapuolet Brightonissa kävivät toistensa kimppuun jyrää Rumble In Brighton yhtä aggressiivisesti koko reilun kolmeminuuttisen mittansa.

Vaikka sanoituksen pohja onkin Brightonin tapauksessa, niin jostain syystä laulussa modit ovat joutuneet antamaan sanoituksessa paikkansa skinheadeille. Ehkä siksi, että USA:ssa ei modikulttuuria juurikaan tunnettu, sen sijaan skinheadeilla alkoi olla valmiiksi hurja maine jo rapakon takanakin. Tämäkin ilmiö oli alunperin lähtenyt Englannista väkivaltaisen jalkapallohuliganismin ja punkin lähisukuisen oi-musiikin oheistuotteena ja rantautunut sittemmin myös Yhdysvaltoihin. Tosin huomattavasti laimeampana ilmiönä, mutta yhtä pahamaineisena. Joka tapauksessa skinheadeista Brian ja Slim Jim keksivät vastuksen rokkareille, jonka myös amerikkalaiset tunsivat.

Rumble In Brightonin sanoitus syntyi siis uutisjutun pohjalta. Esille nousi kahakasta olennaisia elementtejä ja yksityiskohtia partakoneenterineen ja ongenkoukkuineen. Poliisin voimattomuus väkijoukon edessäkin mainittiin. Niinpä laulussa kahakkaa ei saadakaan loppumaan virkavallan toimesta, vaan sen suhteen Stray Catsit ovat varanneet laulun loppuun pienen yllätyksen.

Aikansa kestettyään ollaan verilöylyssä edetty jo siihen pisteeseen, että miesvajaus alkaa tuntua molemmilla osapuolilla. Lopulta ovat viimeisetkin sankarit hivauttaneet toisensa maan tasalle, eikä yhtäkään miestä ole enää pystyssä. Voidaan todetaan homman päättyneen tasapeliin. Mitä seuraavaksi? Poliisi tulee ja kerää kuona-ainekset putkaan vai? Ei kuitenkaan, sillä tässä yhteenotossa onkin osapuolilla ollut niin sanotusti reilu meininki. Kahakan lopuksi osapuolet nimittäin lyövät kättä päälle ja sitten lähtevät porukalla vielä lähipubiin kaljalle vertailemaan mustelmiaan. Myöhemmin erotessa vielä toivotetaan hyvät jatkot, kaikilla oli kivaa ja ensi vuonna uusiksi. Eikö niin? Happy End.

Sinänsä fiksu lopetus laulun tarinalle, sillä tarkemmin ajateltuna, eihän siinä olisi voitu kertoakaan jommankumman jengin hakanneen toista maanrakoon. Sehän olisi synnyttänyt varmasti ristiriitaisia ajatuksia vihollisleireissä ja luultavasti vaikuttanut vieläpä Stray Catsin maineeseenkin yli heimorajojen. Väistämättä se olisi herättänyt myös aimo määrän närää tappioon tuomitussa porukassa. Tasapelillä ja sopuisalla lopulla saatiin suosio pidettyä yllä eri ryhmien osalta ja ehkä jopa rakennettua hentoa siltaa näiden välille. Kavereinahan siinä erottiin.

Tänä päivänä kun musiikkilajien kirjo on niin valtavaa kaikkine alalajeineen, ettei varmaan kukaan enää tiedä missä milloinkin mennään, ovat nämä tällaiset välienselvittelytkin onneksi jo historiaa. Jotain juoppolallia toki saattaa joskus edelleenkin joku punkkari ärsyttää olemuksellaan, mutta yleensä ottaen suvaitsevaisuudessa on menty joka suhteessa monta askelta eteenpäin.

Suomessa teddy- ja punk-kulttuuritkin elävät omaa rauhaisaa eloaan omilla tahoillaan. Molemmissa ryhmittymissä on puuhamiehiä, jotka pitävät muinoin luotuja kulttuureja ja ystävyyssuhteita yllä järjestämällä aiheiden ympärille kesätapahtumia, konsertteja, tapaamisia jne. 80-luvun alkupuolella kuohuntavuosien tasaannuttua musiikki avasi monien asianomaisten silmät näkemään asioita asioiden ympärillä. 50-luku harrastuksena voi olla paljon muutakin kuin vain pelkkää musiikkia ja levyjen keräilyä. Esimerkiksi järjestetyissä tapaamisissa asianmukainen pukeutuminen kuuluu asiaan. Monet, etenkin naispuoliset ovat valmistaneet vaatteensa hyvin pitkälti itse. Se on heille kunnia-asia. Miesväelle kunnia-asia on tietysti se millä paikalle saavutaan. Vanhat amerikkalaiset autot ja moottoripyörät, jotka ovat yksi varmimmista kesän merkeistä, ajetaan siistiin riviin parkkipaikalle. Väliä naapuriin jätetään toki sen verran, että auto erottuu ja ihailijat pääsevät vapaasti sitä kiertämään. Yksityiskohtien suhteen ollaan tarkkoja ja niiden eteen ollaan valmiita näkemään vaivaa. Rahaahan se joskus maksaa, mutta harvassa ovatkin ne harrastukset jotka eivät mitään maksa.

Hurjia punkkareita pidettiin aikanaan vain kaljaa juovina työnvieroksujina, jotka eivät olleet tyytyväisiä mihinkään ja joita ei mikään kiinnostanut. Pessimistinen asennoituminen tulkittiinkin helposti välinpitämättömyydeksi, mutta oli myös paljon asioita tiedostavia punkkareita, jotka olivat hyvinkin kiinnostuneita monista asioista. Monet olivat huolissaan esimerkiksi maailman tulevaisuudesta. Joukossa oli paljon luonnonsuojelijoita ja kasvissyöjiä, jotka olivat valmiita jopa väkivallattomaan anarkiaan asiaansa edistääkseen. Aika usein heitä näki esim. 80-luvun alun rauhanmarsseilla.

Oli toki niitäkin punkkareita, joita kiinnosti vain musiikki. Tätä

119

ryhmää oli luonnollisesti enemmistö koko porukasta. Ihan niin kuin teddy-jengissäkin. He elivät vahvan 70 - 80-lukujen vaihteen uuden muodin mukana ja sen jälkeen alkoivat pikkuhiljaa pudota pois muihin juttuihin ja tuleviin muoteihin.

Aina jää kuitenkin ydinryhmä niitä jotka löytävät jostain asiasta oman juttunsa. Alunperin muotijuttuna syntyneistä ilmiöistä on kehkeytynyt harrastus tai jopa tapa katsoa maailmaa. Aikuisuuteen kasvaessa on kasvanut myös järki ymmärtää muita ihmisiä, harrastuksia ja mieltymyksiä. Tai vaikka ei ymmärrettäisikään, niin ollaan ainakin opittu suvaitsemaan. Niinpä teddyjen ja punkkareiden vihanpito on onneksi jäänyt menneisyyteen. Nykyään sitä ajattelee yhtenä käsittämättömänä lukuna suomalaista nuorisohistoriaa. Oliko se todella sellaista? Kyllä se pahimmillaan oli.

Entäs Briteissä? Hyvin menee sielläkin. Modit ja rokkaritkin ovat nykyään jo hyvinkin hyvissä väleissä keskenään. Brightonissa on jopa järjestetty ryhmien yhteisiä kesätapahtumia, joissa järjestetyissä kulkueissa moottoripyörät ja skootterit sulassa sovussa rinta rinnan lipuvat pitkin kaupungin katuja. Varmasti siellä niitä alkuperäisiä kahakoitsijoitakin on menneitä muistelemassa, mutta terveellä tavalla ja ennen kaikkea sulassa sovussa. Vanhoilla asioilla ei varmasti leuhkita, mutta nyt niille saa jo vähän naureskellakin. Nuorempana sitä vaan on joskus vähän hölmö, mutta niin ehdoton periaatteidensa eteen. Kai sen niin pitää ollakin. Sekin kuuluu nuoruuteen. Vanhempana on aikaa olla sitten vähän laimeampi.

TED NUGENT – CAT SCRATCH FEVER

(1977)

Yhdysvalloissa, Coloradossa, jossain Kalliovuorten kupeessa toimii seikkailuleiri nimeltä Ted Nugent Kamp For Kids. Leirin itseoikeutettuna päällikkönä, vetäjänä ja ohjaajana toimii tietysti mies itse: Ted Nugent. Leirillä Ted-setä opettaa 11-16 vuotiaille lapsille monenlaisia hyödyllisiä taitoja. Jousiammuntaa, metsästystä, kalastusta, ansojen tekemistä, ilmakivääriammuntaa, luonnossa selviämistä ja ties mitä. Lisäksi leirin lopuksi leirin osanottajat vannovat vielä verivelivalan.

Siis jumankauta! Jos minä olisin vielä 12-vuotias, niin ehdottomasti haluaisin päästä tuollaiselle leirille. Kuulostaa aivan mahtavalta. Kivikylissä kasvaneille kaupunkilaiskakaroille tuollainen juttu saattaa olla todella extremeä ja ikimuistoinen elämys.

Isät tai äidit saattaisivat olla myös asiasta kiinnostuneita. Mutta kun kuulisivat, että leiriä johtaa Ted Nugent, täysin umpihullu mies männävuosien rock-rintamalta, saattaisi kelkka kääntyä. Sikäli mikäli sattuisivat miehen maineen tuntemaan.

Ted Nugentin mainehan oli siihen aikaan vähintäänkin arveluttava ja taitaa olla vähän vieläkin. Mutta sitten jos malttaisivat lukea mikä on Tedin sanojen mukaan leirin agenda, niin mieli voisi muuttua.

Leirin tarkoitus on tehdä ennaltaehkäisevää työtä luomalla lapsille uusia virikkeitä, saada heidät pysymään irti huumeista, alkoholista, tupakasta, jengeistä, rikollisuudesta, tietokonepeleistä jne. Näin ollen Ted-setä tekee arvokasta kasvatus- ja valistustyötä. Sitähän ei koskaan ole liikaa. Asioiden perille meno joskus klikkaa, mutta varmasti Ted Nugentin kaltainen persoona onnistuu siinäkin varmasti paremmin, kuin moni tylsä jeesustelija. Eikä pelkästään katu-uskottavan rock-menneisyytensä takia.

Leirin pitäminen on Tedille varmastikin kutsumustyötä. Hän on nuoresta asti ollut hyvin jyrkkä kaikenlaisten päihteiden suhteen ja kantanut huolta ihmisten vieraantumisesta luonnosta ja terveellisistä elämäntavoista. Kerrotaan jopa tarinaa, että hän on joskus potkinut jonkun pois bändistä, koska tämä on polttanut tupakkaa. Eihän nyt kukaan voi ketään potkia bändistä sen takia, että... - Tai no joo. Okei! Ted voi.

Sitä en tiedä, onko hän aina ollut ihan täysi absolutisti kaikkien päihteiden suhteen, mutta jotain voi ehkä päätellä siitä, että yhdellä hänen alkuaikojen levyistään on kappale nimeltään Good Friends And A Bottle Of Wine. Ehkä hän sittenkin on joskus ottanut niin sanotusti sivistyneesti seurassa.

Ted Nugent ei ole ehdoton pelkästään päihteiden suhteen. Hän omaa myös hyvinkin radikaaleja poliittisia mielipiteitä. Hän on antanut mm. Barack Obamasta kovin kärjekkäitä lausuntoja. Hän on usein ottanut yhteen eläinsuojeluyhdistysten kanssa metsästysharrastuksensa takia. Eikä hän myöskään ole parhaissa väleissä aseiden vastustajien kanssa. Tedin mielestä kun jokaisella amerikkalaisella tulisi olla oikeus kantaa asetta mukanaan. Ted on periaatteen mies, eikä jätä ketään kylmäksi.

Kaiken tohinan välillä on Ted Nugent ehtinyt tekemään ison kasan levyjäkin. Hän myös keikkailee edelleenkin. Nykyään jo vähän harvemmin, mutta edelleen hän on kuitenkin touhussa mukana. Näin on ollut jo vuodesta 1967 asti, jolloin hän aloitti uransa Amboy Dukes-yhtyeensä kanssa. Ensimmäinen soololevy pelkästään Ted Nugentin nimellä ilmestyi vuonna 1975. Se olikin miehen kulta-aikaa ja parhaat levyt ilmestyivätkin vuosina 1975 - 80. Vuosi per levy. Joka levy myi USA:ssa ja Kanadassa vähintään kultaa.

Korkeimman listasijoituksen sai vuonna 1980 ilmestynyt Scream Dream joka nousi USA:ssa sijalle 13. Samalle sijalle nousi myös kokoelma Great Gonzos, jota voi sanoa lähes täydelliseksi hard-rocklevyksi. Ei mitään ylimääräisiä hienouksia. Vain kunnon räimettä seurauksista välittämättä. Namikat vähintään kaakkoon.

Levyn ensimmäinen biisi -ja myös Nugentin tunnetuin kappale - on Cat Scratch Fever. Alunperin se löytyy saman nimiseltä levyltä vuodelta 1977. Siihen aikaan Nugent edusti rockin rankinta puolta. Ja kovaäänisintä. Myös sen suhteen Ted oli ehdoton. Todisteena vaikka lähes täysin kuuroutunut toinen korva. Se ei kuitenkaan ole koskaan ollut miehelle ongelma. Onpahan vain todennut, että ei haittaa. Kaikki tapahtunut on ollut todella sen arvoista.

Cat Scratch Feverin sanoitus on ehkä(ja todennäköisesti onkin) monimerkityksellinen. Googletus antaa cat scratch feverille ensitiedon, että se on kissan raapaisusta aiheutuva kutinaa aiheuttava ja kuumettakin nostattava ihosairaus. Sopii kyllä taudin kuvaan. Ted laulaakin biisissä saaneensa sen ensi kertaa kymmenvuotiaana naapurin kissalta. Tuon ikäisenä varmasti kyseessä onkin tuo kyseinen infektiotauti.

Mutta koska kyseessä siis kuitenkin on todennäköisesti kaksinaismerkityksellinen laulu, niin Ted ei varmastikaan tarkoita edellä mainittua. Veikkaisin ja väittäisin, että hän kertoo niin sanotuista lääkärileikeistä naapurin saman ikäisen tytön kanssa. Tällöin laulu kertoisikin ehkä nuoren miehen seksuaalisesta heräämisestä. Tästä olisikin sitten kehittynyt pidempiaikainen "infektio", joka on aiheuttanut vähitellen murrosikää lähestyvälle Tedille ehtymättömän seksuaalivietin. Tehnyt hänestä kyltymättömän seksipedon. Tämäkin sopisi sanoitukseen.

Laulun päähenkilö on ilmiselvästi puolivallaton poikamies, joka on touhunnut naisten kanssa enemmän ja vähemmän. Yleensä enemmän. Todennäköisesti mukaan on osunut muutama suojaamatonkin kontakti, jolloin hän on saanut jonkun ikävän alaan liittyvän pirullisen sairauden. Jonkinlaisena johtopäätöksenä päädynkin ehkä siihen, että pitkässä juoksussa laulu kertookin sukupuolitaudista.

Kun hän myöhemmin laulaa "I make the pussy purr with stroke of my hand", niin tarkoittako hän todella saavansa kissan kehräämään pelkällä silittelyllä. Epäilen. Tuosta lauseesta on jo viattomuus kaukana. Mutta miksi hän tekee sen käsillään. Ehkä tauti on tarttuvaa sorttia ja tarttuu intiimissä kosketuksessa. Jos näin on, niin silloinhan tämä vain vahvistaa käsitystä: Cat Sratch Fever kertoo sukupuolitaudista. Jostain sellaisesta, mikä kutisee, pistää raapimaan ja on vielä tarttuvaa sorttia. Tätä puoltaa ja kaiken tämän oikeastaan vahvistaa rivi "You know You got it when You're going insane. It makes grown man cryin' cryin".

Ted Nugent on yksi Rock'n'Rollin mielenkiintoisimmista hahmoista, jonka tarinaa ei vielä ole taltioitu kirjan kansien väliin. Äkkietsimällä en sellaista ainakaan löytänyt. En suomen-, enkä englanninkielistä, mutta jonkun pitäisi sellainen kirjoittaa. Niin paljon kuohuntaa ja keskustelua Ted on ympärilleen aiheuttanut, että ainekset vaikka bestsellerille olisivat olemassa. Verraten kaikkiin muihin rock-elämänkertoihin Ted Nugentin elämänkerralla olisi yksi hyvin ratkaiseva ero kaikkiin muihin rock-elämänkertoihin: Ted on tehnyt kaiken selvinpäin.

Jo tämä seikka tekee Ted Nugentista sen verran todellisen fiktiivisen hahmon, että ainekset elokuvallekin olisivat olemassa. Vaan enpä usko, että Ted itse olisi asialle kovinkaan avoin. Hänellä on mielipiteet, hänellä on periaatteet ja hän pitää niistä kiinni. Hän ei hae niillä, suosiota, ei mainetta, ei kunniaa. Ei ainakaan itselleen - ehkä asialleen kyllä.

Ted-setä on tinkimätön kaikelle tekemälleen ja seisoo kaikkien sanojensa takana - metsästyskivääri kädessään. Hän on Ted Nugent and God Bless Him for that!

TOM PETTY AND THE HEARTBREAKERS – REFUGEE

(1979)

Heinäkuun kolmastoista päivä vuonna 1985 on yksi elämäni ikimuistoisimmista päivistä. Yksi niistä päivistä, jonka kokisin kovin mielelläni vielä uudestaan. Sikäli mikäli se vaan olisi mahdollista. Se oli kaunis päivä ja Suomen kesä oli sellainen millaisen me suomalaiset haluaisimme sen aina olevankin. Auringonpaiste oli kuitenkin sivuseikka. Tuo päivä kului sisätiloissa televisiota katsellen aina yömyöhään saakka.

Se oli päivä, jona maailma hyvin suurilta osin pysähtyi. Ainakin minusta tuntui siltä. Se oli päivä jona Live Aid-konsertit Lontoon Wembleyltä ja Philadelphian JFK Stadionilta lähetettiin suorina lähetyksinä ympäri maailmaa. Oli uskomatonta, että samaa lähetystä katsoi saman aikaisesti 1,9 miljardia (1 900 000 000) ihmistä 150:ssa maassa. Käsittämätön luku, mutta näin on arvioitu. Tekniikan uusi ihmelaite videonauhuri osoitti myös tuona päivänä erinomaisuutensa. Sillä pystyi nauhoittamaan televisio-ohjelmia. Sinä päivänä nauhurilla todellakin oli käyttöä. Ne kasetitkin ovat vielä olemassa. Tosin en tiedä missä, mutta tiedän, että ovat.

Kaikki tietävät, että tuon illan kunkku koko valtavasta esiintyjäkaartista oli Lontoossa esiintynyt Queen. Hopeamitaleita ei jaettu, sillä kandidaatteja oli niin paljon. Kullakin oli omat suosikkinsa. Minullakin. Niinpä tuo päivä oli myös päivä, jolloin minusta tuli Tom Petty And The Heartbreakers-fani.

Yleisöstä näki, että Philadelphiassakin oli ollut helteinen päivä.

125

Yleisö nautti auringosta ja järjestäjät viilensivät kuumuudesta kärsiviä vesisuihkuilla. Kaikilla näytti olevan kesäisen kivaa. 26-vuotias Madonna oli vähän aikaa sitten lopettanut oman esiintymisvuoronsa ja seuraavaa bändiä tuli lavalle spiikkaamaan sisään Miami Vicesta tuttu Sonny Crockett, eli siis tuttavallisemmin Don Johnson: From the great state of Florida: TOM PETTY AND THE HEARTBREAKERS!

American Girl. Eka biisi. Biisi joka lienee tähän päivään saakka soitettu jokaisella bändin keikalla. Huomio kiinnittyi heti Tom Pettyn rentoon olemukseen, Byrds/Roger McGuinn- aurinkolaseihin ja siistiin planeettakuvioituun pikkutakkiin. Ja se kuinka bändi soitti. Se oli niin helppoa, niin vaivatonta, rentoa ja ilmavaa.

Waiting. Ainoa TP & HB-biisi, jonka olin siihen mennessä kuullut aiemminkin. Ehkä vain kerran tai kaksi, mutta hieno biisi oli jo jäänyt tunnistettavasti mieleen. Biisi, joka kertonee suhteesta, jossa uuden kortin kääntäminen joka päivä on odottamisen arvoista. Siihen se perustuu: Optimismiin.

Rebels. Uusi biisi samana vuonna ilmestyneeltä Southern Accents-levyltä. Siinä vaiheessa jo tuntui, että nyt meikäläistä viedään. Jos ei muualle, niin ainakin maanantaina levykauppaan.

Refugee. Ja sitten vielä lopuksi biisi, jonka intro jo kertoi sen, että nyt pyyhkäistään pöytä kerralla puhtaaksi. Jollain tapaa Refugee kuulosti jo ensi kerralla tutulta. Se oli jotain, mille oli jo tehty paikka johonkin aivolohkon musiikkiosastoon, mutta toistaiseksi siihen ei ollut löytynyt puuttuvaa palikkaa. Nyt löytyi.

Refugee löytyy lähes täydelliseltä rock-älpeeltä Damn The Torpedoes vuodelta 1979. Se oli Tom Petty And The Heartbreakerin kolmas levy ja aikakauteensa nähden ajaton levy. Se ei musiikillisesti ole sidottu mihinkään vuosikymmeneen, eikä mihinkään musiikilliseen genreen. Onpahan vaan tyylipuhdasta amerikanrokkia, joka toimii aina. Sikäläisellä albumilistalla se nousi aina kakkoseksi saakka, pysyen siellä seitsemän viikkoa. Syy siihen, ettei mennyt ykköseksi asti oli Pink Floydin Dark Side Of The Moon.

Tom Petty ei ole paljon julkisuudessa selitellyt sanoitustensa metodeja. Refugee kuitenkin sijoittuu aikaan, jolloin bändillä oli levy-yhtiön vaihto edessä isojen poikien (= levymogulien) pelatessa korttia bändeillään ja artisteillaan. Tom Petty And The Heartbreakers oli yksi näistä korteista, eivätkä kaverit itse pitkään olleet edes tietoisia tällaisista vaihtokaupoista. Tom Petty onkin itse joskus vihjaillut siihen suuntaan, että biisi kertoisi näistä tuntemuksista. He rinnastivat itsensä pakolaisiksi (= Refugee), joita siirreltiin mielivaltaisesti paikasta toiseen ja joilla toiset sitten yrittivät lypsää rahaa. Tosin ei oikeilla pakolaisilla varmastikaan kukaan rahaa tee, mutta tässä biisissä se onkin ehkä vertauskuvallista.

Toisenlainen näkökulma biisiin voisi olla psygologisempi. Sanoituksella luodaan uskoa ihmiselle, joka on syystä tai toisesta alamaissa ja ehkä kokonaan kadottamassa elämänhallintaansa. Petty kehottaa tätä ilmiselvästi ottamaan itseään niskasta kiinni ja alkaa taas elämään. Everybody's had to fight to be free. You see You don't have to live like a refugee. Eli kuten me Suomessa sanomme: Ei saa jäädä tuleen makaamaan.

Covereitakin on muutama tehty. Mikään maailman megahittihän tämä ei ole, niin että coveritkin ovat jääneet aika vähiin. Mutta Melissa Etheridge taisi tekaista sen kuuluisimman, joka lähtee käyntiin unpluggedina, mutta kasvaa sitten sellaiseksi hard-rockiksi, mikä Melissa Etheridgelle onkin aika tavanomaista. Ei pärjää alkuperäiselle, mutta hyvä on silti. Kyllä potkua löytyy tältä mimmiltä, mikä nyt ei sinänsä ole mikään uutinen.

Videolla Melissa laulaa tätä biisiä peilikuvalleen ja välillä piiloutuu yksiössään sängyn alle. Tämäkin tukee visiota siitä, että elämänuskoa ja rohkeutta tässä biisissä yritetään loihtia elämässään erakoituneesta esiin.

Sen sijaan tuoreempi versio vuodelta 2011 on New Jersey-genren manttelinperijöiltä, Gaslight Anthemilta. mutta tämä ei kyllä toimi yhtä hyvin kuin edellä mainittu. Silläkin uhalla, että nämä häiskät ovat Bruce Springsteenin suojeluksessa, en kauheasti äidy kehumaan heidän versiotaan. Idols-tuomarit varmaankin tarttuisivat tässä siihen, että laulaja ei ole samaistanut biisin sanomaa. Kieltämättä siltä se vähän kuulostaa. Biisi vaan runtataan läpi. Se kuulostaa ylituotetulta ja Brian Fallon sortuu siihen "kähinälauluun" mikä oli muutama vuosi sitten muodissa. Biisiä ei tee mieli edes kuunnella toista kertaa, vaikka niin hieno biisi onkin. Sorry vaan. Mutta pronssille yltävät kuitenkin tässä skabassa, sillä Chipmunksit tarjoavat jotain aivan käsittämätöntä. Chipmunks, eli Suomessa nimellä Alvin Ja Pikkuoravat tunnetuksi tulleet animaatiohahmot, jatkavat ansiottomasti sarjaa, jonka menestyksekkäin tuote meikäläisittäin ovat Smurffit. Mutta Chipmunksit nostavat ärsytysastetta vielä muutaman prosentin - ehkä jopa muutaman kymmenen prosenttia ylöspäin. Joten siitä ei sen enempää, mutta piti kai tämäkin mainita. Älkää sekaantuko pikkuoraviin.

Tom Petty And The Heartbreakers on käynyt kerran Suomessa - siis vain yhden kerran. Silloinkin tosin vain lämppäribändinä Helsingin vanhassa jäähallissa. Vuosi taisi olla 1987. Minäkin olin paikalla.

Lämppäribändin osan perustelee se, että illan päätähtenä oli Bob Dylan, joten ei sitä kauheasti kehtaa kritisoida. Sen verran kuitenkin on pakko sanoa, asioita kaunistelematta, että Dylan oli ihan paska. Äijä ei keikan aikana sanonut sanaakaan biisien välillä. Ei edes yhtä thankyouta. Hän vain tuli, oli ja meni. Siitä jäi kyllä huono maku. Mutta onneksi kakkosbändi pelasti nämä pippalot, vaikka keikka ei tainnut kestää tuntiakaan. Tosin ei se TP & HB:n keikka siihen kuitenkaan vielä loppunut, vaan bändin työpäivä jatkui oman keikan jälkeen Dylanin taustabändinä.

Mukana oli vielä kolmaskin esiintyjänä, eli Byrds-mies Roger McGuinn. Kovia nimiä siis riitti lavan täydeltä ja siltä osin kattaus olikin aika onnistunut. Dylan on käynyt sen jälkeen montakin kertaa Suomessa, mutta Pettyä ei ole enää täällä päin näkynytkään. Ei Heartbreakersin kanssa, eikä edes ilman.

Tai on sittenkin, ainakin melkein. Ai missä? No Ruotsissa tietysti.

UNDERTONES – TEENAGE KICKS

(1978)

Vuonna 1964 ankkuroitiin toisen maailmansodan aikainen sotalaiva MV Galaxy neljä mailia Englannin aluevesirajojen ulkopuolelle. Sotavuosiensa jälkeen kreikkalaisena rahtilaivanakin toiminut laiva oli erinäisten vaiheiden jälkeen kulkeutunut kahdelle amerikkalaiselle liikemiehelle, jotka olivat saaneet hyvän bisnesidean. He aikoivat tuoda kaupallisen radiotoiminnan britteihin.

Englannissa vielä siihen aikaan kaikesta radiotoiminnasta vastasi vain ja ainoastaan BBC, joka piti tiukasti kiinni monopoliasemastaan. Näin ollen tällaiselle uudelle rajoja rikkovalle radiotoiminnalle oli tilausta, eikä se sitäpaitsi ollut edes suoranaisesti rikollistakaan. Nimittäin pieni porsaanreikä jossain lakipykälässä salli ohjelman lähettämisen Englantiin, mutta ei ohjelman lähettämistä Englannista. Juuri siksi MV Galaxyn ankkuroitu lähetyspaikka sijaitsi maan aluevesirajojen ulkopuolella. Lähetystoimintaan ei tietenkään tällä pienellä vilunkipelillä tarvittu edes toimilupaa. Tällaisia radiokanavia kutsuttiin merirosvo- tai piraattiradioiksi.

MV Galaxyltä käsin toimiva Radio London aloitti toimintansa vuoden 1964 joulukuussa. Ihan ensimmäinen mainosrahoitteinen piraattiradio se ei kuitenkaan ollut, sillä samoilla vesillä seilaava Radio Caroline oli ehtinyt aalloille jo hieman aikaisemmin samana vuonna. Ja lisää kanavia alkoi tulla tukuittain. On laskettu, että parhaimmillaan merirosvoradiokanavia seilasi Englannin vesillä 60-luvulla 21 kappaletta.

Oli mainosrahoitteista radiotoimintaa toki kuultu Englannissa aikaisemminkin. Radio Luxemburg oli lähettänyt ohjelmaa kellon ympäri saarivaltakuntaan jo vuodesta 1933. Nimensä mukaisesti kanava toimi Luxemburgista käsin. Ongelma oli kuitenkin brittiläisittäin ajateltuna siinä, että Radio Luxemburg lähetti ohjelmiaan myös muualle Eurooppaan, mikä tarkoitti sitä, että tasapuolisesti osa sen ohjelmista lähetettiin myös saksan- ja ranskankielisinä. 60-luvulle tultaessa etupäässä nuorisolle suunnattu rock- ja pop-musiikki kuuluivat vahvasti myös Radio Luxemburgin ohjelmakarttaan, mutta kielimuuri oli kuitenkin asia, joka Britanniassa käänsi korvia piraattiradioiden puoleen. Ne pystyivät tarjoamaan päivän hittejä ja ympärivuorokautisia juonnettuja lähetyksiä brittien omalla kielellä.

Tämä alkoi väistämättä pikkuhiljaa johtaa siihen, että BBC:lläkin joku totesi, että rock-musiikki ei ehkä sittenkään ole ohimenevä ilmiö. Nuorison lähes kokonaan piraattiradioille menettänyt BBC oli pakotettu reagoimaan jollain tavalla. Vastaus tuli vuonna 1967, kun BBC pisti radiotoimintansa uusiksi. Perustettiin BBC Radio 1, Radio 2, Radio 3 ja Radio 4. Näistä erityisesti ensimmäinen oli se, jonka tarkoitus oli saada piraattikanaville menetetyt kuulijat takaisin. Kaikki keinot taistelussa kuulijoiden saamiseksi olivat sallittuja. Niinpä BBC alkoi värvätä piraattikanavien parhaita ja suosituimpia tiskijukkia hoteisiinsa. Se tiesi kovia aikoja merirosvoradioille, joista monet joutuivatkin lopettamaan toimintansa. Näin kävi myös Radioille London ja Caroline.

Työpaikan muutoksen kautta parhaimmat tiskijukat saivat kuuluvuutta alueellisestikin huomattavasti enemmän kuin ennen ja monesta tulikin valtakunnallisia suurjulkkiksia vuosikymmenten ajaksi. Suomessa ei ehkä monenkaan nimi sano tänä päivänäkään mitään, mutta ehkä Tony Blackburnin nimi kalskahtaa jonkun korviin tutulta. Tai jos ei Tony, niin ainakin Kenny Everett on tuttu monelle menneisyyden nuorelle. Ei ehkä niinkään radion puolelta, mutta television kyllä. Sekä tietysti alansa ehkä suurimman kulttistatuksen omaava John Peel.

Nyttemmin jo edesmennyttä John Peeliä saavat monet orkesterit kiittää siitä, että ovat saaneet tuotantoaan myös muiden ihmisten kuultavaksi. Peel oli radio-ohjelmiensa ansiosta merkittävä tekijä uusien bändien esille nostamisessa ja osittain juuri se olikin hänen ohjelmiensa agenda. Jo Radio Londonissa hänen vetämänsä ohjelma Perfumed Garden perustui uusien ja nousevien bändien tuotannon esittelyyn. Bändien, jotka eivät 75 %:sesti * saaneet lähetysaikaa muualta parhaaseen lähetysaikaan. Eikä John Peeliäkään päästetty radioaalloille parhaaseen kuunteluaikaan, vaan hänen ohjelmaansa lähetettiin päivittäin, joka yö, keskiyöstä aamukahteen. Mutta Peelin "vaihtoehtomusiikkitarjonnalla" oli faninsa jo tuolloin.

Diggareiden piirissä oli tunnettu tosiseikka, ettei näissä ohjelmissa paskaa soitettu. Tosin vähintään yhtä iso joukko, ja ehkä isompikin, oli myös sitä mieltä, että ohjelmat olivat juuri sitä silkkaa itseään. Jälkimmäinen mielipide on selitettävissä sillä, että isojen levy-yhtiöiden musiikkia ei Johnin ohjelmissa juurikaan kuultu, vaan hän keskittyi enimmäkseen pienten ja ns. independent levy-yhtiöiden tuotantoon. Sieltä löytyi vaihtoehtotavaraa, johon suurilla tulospakotteisilla levy-yhtiöillä ei ollut pokkaa tarttua. Niinpä jos kappale Peelin suurisilmäisen seulan läpäisi, oli se jo merkittävä läpimurto uraansa aloitteleville bändeille tai muuten vain pienen piirin tuntemaksi jääneille orkestereille.

Musiikin suhteen John Peel oli täysin ennakkoluuloton kaikkea kohtaan. Hän etsi jatkuvasti uusia bändejä ja musiikkia, mitä ei ollut aiemmin kuullut. Tämä tietysti kuului hänen ohjelmissaankin. Niinpä niissä kuultiin musiikkia raja-aidoista välittämättä. Ensin saattoi tulla reggaeta, sitten punkkia, sitten kantria tai vaikka kokeilevaa konemusiikkia, progea, ihan mitä vaan. Tämä tiedettiin myös marginaalimusiikin piireissä ja hän olikin ajoittain hukkua uusiin levyihin ja maistiaisiin, joita posti hänelle kantoi. Mutta John Peel oli väsymätön tutkimusmatkailija musiikin saralla. Voin hyvin uskoa,

(*Kirjoittajan todella raaka arvio)

131

että hän kuunteli urheasti kaiken mitä hänen eteensä kannettiin. Varmasti hän ainakin yritti. John Peel rakasti musiikkia.

Vaikka John Peelin ura oli pitkä, kestäen kaukaa 60-luvulta aina kuolemaansa saakka vuonna 2004, ei se kuulunut välttämättä aina täytenä ammattimaisuutena hänen ohjelmissaan. Ei ollut ollenkaan harvinaista, että välillä vinyylilevyt lähtivät soimaan väärällä nopeudella, eivätkä puheensakaan olleet aina valmisteltuja. Hänellä oli kuitenkin miellyttävän matala ääni, artikulointi oli selvää ja puhetyyli muutenkin takeltelematon. Myös lievä amerikkalainen aksentti oli tarttunut häneen puheeseensa nuoruusvuosilta, jolloin hän työskenteli ison veden takana niin ikään radiohommissa ja myös jonkin verran uutistoimittajanakin uutisoiden Englantiin mm. John F. Kennedyn kuolemasta. John oli yhtä ohjelmansa ja soittamansa musiikin kanssa, mikä myöskin kuului. Se oli aistittavissa. Ohjelmat eivät olleet muutenkaan juuri koskaan suunniteltuja kokonaisuuksia, vaan tärkeintä oli saada mahdollisimman paljon monenlaista musaa maailmalle. Tämä tekikin ohjelmista melkoista sillisalaattia. Toisaalta juuri tällaisiin juttuihin miehen maine ja karisma perustuivatkin. Kaikesta kuului, että musiikki oli miehelle se numero yksi, eikä hän siitä tinkinyt.

Pitkän, pitkän uransa aikana John Peel soitti radiossa varmasti kymmeniä tuhansia kappaleita. Määrää on jokseenkin mahdoton edes arvioida, sillä niin paljon niitä yli neljänkymmenvuotiseen uraan mahtui. Suuri osa lauluista jäi luonnollisesti yhden soiton ihmeiksi, mutta joskus joukosta löytyi sellaisiakin helmiä, joita hän saattoi soitella useamminkin. Yhden tällaisen levyn hän sai käsiinsä syyskuussa 1978. Kyseessä oli pohjois-irlantilaisen Undertones yhtyeen ensimmäinen EP-levy, jonka avausraita pisti lähes jo kaiken kuulleen miehen täysin polvilleen.

Levy oli vaatimattoman näköisiin kansiin pakattu neljän biisin EP. Hän asetti levyn lautaselle. Soitti sen kerran, soitti toisen kerran ja varmaan vielä useammankin. Varsinkin levyn ensimmäinen kappale, Teenage Kicks, potkaisi miestä niin lujaa alavatsaan, että hän on itse kertonut itkeneensä kappaleen kuultuaan. Hän hullaantui siitä niin, että heti seuraavassa ohjelmassaan hän soitti kyseisen biisin radiossa suorassa lähetyksessä kaksi kertaa peräkkäin. Sellaista hän ei ollut koskaan aikaisemmin radiossa tehnyt, enkä tiedä tekikö sen jälkeenkään **. Vielä seuraavissa ohjelmissaankin hän luukutti kappaletta kaikelle kansalle, eikä edelleenkään osoittanut sitä kohtaan minkäänlaisia kyllästymisen merkkejä. Aina silloin tällöin hän soitti sitä radiouransa loppuun saakka. Sitä jopa odotettiin ja toivottiin häneltä. Monet olivat asian suhteen jopa niin jyrkkiä, että Teenage Kicks oli John Peelin yksityisomaisuutta ja vain hänellä oli oikeus soittaa sitä radiossa. Jos jokaiselle on olemassa se yksi aution saaren biisi, niin John Peelille se oli Teenage Kicks. Ja niinhän siinä kävi, että biisi oli seuraava hanen maallista taivaltaan hamaan loppuun saakka ja vielä pidemmällekin, mutta siitä lisää hieman myöhemmin.

Pohjois-Irlannilla on levoton historia. Moni asia on kärjistynyt maan omiin itsenäistymispyrkimyksiin ja vastaavasti emämaa Englannin halusta pitää alue omanaan osana Englantia. Vastakkain ovat olleet maan sisällä brittimielisinä ja parempiosaisina pidetyt protestantit sekä kansallismieliset katoliset. Taistelua on käyty jo pitkältä 1800-luvulta lähtien. Mutta 1960-luvun lopulla tilanne alkoi tulehtua huomattavan nopeasti ja homma alkoi karata käsistä totaalisesti. Kaikki alkoi, kun brittiarmeijan sotilaat komennettiin ylläpitämään rauhaa, jota Pohjois-Irlannin katoliset ja protestantit järkyttivät jatkuvasti keskinäisillä kahnauksillaan. Seurauksena oli se, että itsenäisyyttä haluavat maastaan ylpeät pohjois-irlantilaiset ajautuivat uskonsodan lisäksi sotilaan myös Englannin armeijan kanssa. Sotatila on oikea nimitys, sillä taistelua käytiin asein ja pommi-iskuin joissa kuoli vuosien mittaan tuhansia ihmisiä. Kun levottomuudet jatkuvasti vain pahenivat, roudattiin saarelle lisää ja taas lisää brittisotilaita, mikä oikeastaan vain pahensi tilannetta.

(** Teki ainakin kerran. 2003 hän soitti uudelleen kasatun Undertonesin Thrill Me-kappaleen kaksi kertaa peräkkäin.)

Brittiarmeijan operaatio Pohjois-Irlannissa kesti kaikkiaan38 vuotta, jonka aikana tapahtui paljon sellaista mitä ei olisi koskaan pitänyt tapahtua. Nyttemmin maan tilanne on huomattavasti rauhoittunut. Enää ei voi puhua sotatilasta, mutta yksittäisiä välikohtauksia sattuu edelleen. Onneksi kuitenkin alati harvenevaan tahtiin.

Maan pohjoisosassa sijaitsevassa Derryn kaupungissa sattui vuonna 1972 yksi sodan ikävimmistä välikohtauksista. Tapaus oli se nimenomainen, josta U2 ja John Lennon ovat molemmat tehneet saman nimisen kappaleen: Sunday Bloody Sunday. Tapaus joka myös meillä tunnetaan verisenä sunnuntaina.

Tilanne sai alkunsa, kun ihmisoikeuksien puolesta mieltä osoittava väkijoukko alkoi käyttäytyä brittisotilaiden mielestä aggressiivisesti. Armeija avasi tulen aseettomia mielenosoittajia kohti ja tuloksena oli neljäntoista ihmisen kuolema ja useita haavoittuneita. Ruumiita tutkittaessa havaittiin vielä, että monia oli ammuttu selkään heidän paetessaan brittiarmeijan luoteja.

Bloody Sunday oli se viimeinen, ratkaiseva isku sille, että maa ajautui sisällissodan kaltaiseen tilaan, jossa vastakkain olivat Irlannin tasavaltalaisarmeija IRA ja Englannin Kuninkaalliset joukot. Oikeastaan voi sanoa, että verisen sunnuntain seurauksena brittiarmeijalla oli vastassaan koko Pohjois-Irlannin katolinen kansa. Epäilemättä, sillä Derryn teurastuksen kaltainen lahtaus nostattaa minkä tahansa kansakunnan sortajiaan vastaan. Etenkin kun kaikki tapahtui vielä heidän omalla maaperällään ja tunkeutujien toimesta.

Tuossa kaupungissa, tuossa Jumalan hetkeksi hylkäämässä Derryn kaupungissa sai alkunsa kolme vuotta myöhemmin Undertones-yhtye. Voisi luulla, että kaupungin ja koko maan tilanne, menneet tapahtumat, kaduilla partioivat aseistetut sotilaat, ratsiat, pidätykset ja jatkuva pommien pelko olisivat herättäneet ihmisten mielissä kaikin puolin vain negatiivisia tunteita ja tehneet ihmisistä vihaisia ja katkeria. Näin olikin monessa tapauksessa ja se on kuulunut myös irlantilaisessa musiikkituotannossa. Seuraavina vuosikymmeninä on tehty lukuisa määrä musiikkia, joissa Pohjois-Irlannin tilannetta on kritisoitu ja politisoitu hyvinkin vahvasti. Suurimmin asiaansa ovat vuosien saatossa saaneet maailmalle julistettua mm. U2, Sinead O'Connor ja Granberries. He ovat antaneet vihansa kuulua lauluissaan ja ovat lisänneet aiheesta tietoisuutta myös muualla maailmassa.

Undertones poikkesi tästä joukosta täysin. Sen musiikki ei ollut millään tavalla poliittista eikä julistavaa. Päinvastoin. Undertonesin musiikki oli iloista. Kappaleet kertoivat tytöistä ja pojista, nuoruudesta, kavereista, kesistä ja rakkaudesta. Hieman ehkä välillä jopa naivistikin, mutta kuitenkin uskottavasti. Olivathan jäsenetkin vielä tuohon aikaan kutakuinkin suhteellisen nuoria. Kaikki eivät olleet vielä edes täysi-ikäisiä. Varmasti hekin maan tilan tiedostivat, mutta nuoria miehiä eivät aina ikävät asiat paina. Nuoruus on liian lyhyt aika tuhlattavaksi murehtimiseen ja sitäpaitsi Undertonesilla voi sanoa olleen tärkeän tehtävän: He antoivat myös monille muille musiikillaan mahdollisuuden ainakin hetkelliseen todellisuuspakoon. Se onkin yksi musiikin tärkeimmistä tehtävistä. Ihan globaalistikin ajateltuna.

Bändi keikkaili ahkerasti kotikaupungissaan, mutta levyttämään se ei ollut vielä päässyt. Hinkua oli eteenpäinkin, mutta homma tuntui ajoittain jämähtäneen paikalleen. Tasaisin väliajoin joku sai hommasta tarpeekseen ja uhkaili eroamisella orkesterista. Aina kuitenkin ryhmäkemiat saivat tämän hetkeksi eksyneen takaisin yhteiselle tielle. Kaikilla oli yhteinen haave - päästä levyttämään.

1978 sitten joku kuuli, että Belfastissa oli pieni levy-yhtiö nimeltään Good Vibrations, joka haali merkkinsä alle uusia punk- ja uuden aallon yhtyeitä. Ja mikä vielä oli asiassa merkittävää, yhtiöllä oli suhteita Radio Oneen ja sen tiskijukkaan John Peeliin. Tämä oli usein soiteltun ohjelmassaan Good Vibrationsin yhtyeitä ja Undertonesin kaverit olivat vieläpä John Peel-faneja, jotka valvoivat öitään hänen ohjelmiaan kuunnellen. Levy-yhtiön pomolle, Terri

Hooleylle, päätettiin lähetettiin demonauha, josko tämä innostuisi. Näin kävi ja Undertones sai kutsun Belfastiin, Pohjois-Irlannin pääkaupunkiin.

Eipä ole iso lafka Good Vibrations, ajattelivat varmaan Undertonesin jätkät päästyään perille Belfastiin. Henkilökuntaakin firmalla oli tasan yksi, toimitusjohtaja Terri Hooley itse. Ja koko mesta osoitautuikin oikeastaan levykaupaksi, jonka ohessa Terri Hooley pyöritteli sivubisneksenään omaa levy-yhtiötään. Mutta mikään turha kaveri Terri ei kuitenkaan ollut, sillä hän oli ottanut elämäntyökseen pohjois-irlantilaisen punkin ja uuden aallon esille nostamisen. Monia legendaarisia bändejä hän hoiviinsa haalikin, joskaan härmäläisisille nuo nimet eivät paljonkaan kelloja kyllä kolisuttele. Mutta omassa maassaan ja omalla alallaan suurta arvostusta nauttiva hemmo hän kuitenkin oli.

Arvostusta lisää huomattavasti sellainenkin homma, että mies oli joskus tempaissut John Lennonia päin näköä, kun hänelle oli selvinnyt, ettei Lennon olekaan oikeasti pasifisti niin kuin oli koko maailmalle uskoteltu. Jäätyään kiinni valheesta, ei Lennonilla ilmeisesti ollut enää mitään menetettävää ja hän oli lyönyt takaisin. Tämä nyt ei sinänsä liity tähän juttuun mitenkään, mutta onpahan pieni hauska anekdootti ja kertoo jotain Terri Hooleystä (ja Lennonistakin). Periaatteen mies.

Alunperin suunnitellun sinkun sijaan Undertones päätti levyttää useammankin biisin kun kerran studioon olivat päässeet. Nauhalle tarttui neljä biisiä ja ne päätettiin kaikki julkaista yhdellä levyllä, neljän biisin EP:nä. Ensimmäisenä raitana levyllä oli Teenage Kicks. Kaikki olivat innoissaan ja Terri Hooley lähtikin levyn kanssa Lontoon reissulle ja tarjoilemaan äänitettä isommille levy-yhtiöille. Käsittämätöntä kyllä, vastaus oli joka paikassa ei. Hooley palasi takaisin Belfastiin murheen murtamana, mutta sitten tärähti.

Yhtye oli myös itse tehnyt työtä levynsä markkinoinnin eteen. He olivat lähettäneet levyn John Peelille Radio Oneen. Mukana oli seurannut saatekirje, jossa pyydettiin Johnia kuuntelemaan levy ja sitten mielellään soittamaan sitä myös ohjelmassaan. Kundit eivät olleet uskoa korviaan kun John Peel soitti ohjelmassaan koko levyn läpi. Ja Teenage Kicksin vieläpä kaksi kertaa peräkkäin. Seuraavina viikkoina Teenage Kicksiä kuultiin vielä monta kertaa Peelin ohjelmissa ja tulostakin tuli viimein: Sire Records tarjosi Undertonesille levytyssopimusta. Näin kundit pääsivät levyttämään samalle yhtiölle jolle heidän kaikkien yhteinen suosikkiyhtyeensä Ramones oli levyttänyt ja noussut sitä kautta maailman tietoisuuteen. Myöhemmin 80-luvulla Sire oli yksi vuosikymmenen huomattavimpia levymerkkejä, jonka artisteihin kuuluivat mm. Madonna, Smiths, Depeche Mode, Pretenders ja Talking Heads. Ensitöikseen Sire julkaisi Undertonesilta samana vuonna jo levytetyn EP:n uudestaan. Se saavutti jopa listasijoituksen Englannissa nousten sinkkulistalla sijalle 31. Ensilevy, The Undertones, ilmestyi seuraavana vuonna. Loistava ensilevy, joka on saanut jopa paikkansa tiiliskivessä nimelta 1001 Albums You Must Hear Before You Die. Jotain tuolta levyltä kuitenkin puuttuu. Ja se joku on Teenage Kicks. Sitä ei nimittäin sisällytetty jostain ihmeen syystä levyn ensipainokselle. Myöhemmistä painoksista se kuitenkin löytyy. Miksi näin, ei ymmärrä? Mutta tavallaan tuo puute vielä lisää ensilevyn musiikillista arvoa. Kuinka hyvä se olisikaan, jos Teenage Kicks siltä löytyisi.

Kappaleen säveltäjä, yhtyeen kitaristi, John O'Neill on kertonut, että alunperin hänen piti käyttää Teenage Kicksin muottina Them-yhtyeen Gloriaa ja muokata siltä pohjalta uusi biisi. Tarkoitus ei siis ollut kopioida Gloriaa, vaan tehdä samalta pohjalta kappale, jonka periaatteessa jokainen autotallibändikin osaa soittaa. Siinä hän onnistuikin erinomaisesti, eikä kappaleen sävellystyöhön mennyt oman kertomansa mukaan kuin viisi minuuttia. Ehkä sen syntymisen helppous sai hänet itsensä ajattelemaan, että Teenage Kicks ei ole kovinkaan kummoinen biisi. Hänen omasta mielestään esim. ensi-EP:llä oleva True Confessions oli huomattavasti parempi. Hänelle itselleenkin oli suuri yllätys, että kappaleesta tuli niinkin iso hitti.

Punk-bändinähän Undertonesia pidettiin. Siksi Teenage Kickskin löytyy monilta punk-kokoelmilta. Undertonesin kappaleet eivät kuitenkaan ole ihan tavallisia punk-biisejä. Kappaleissa on melodioita, jollaisia ei punk-bändeiltä oltu juuri totuttu kuulemaan. Teenage Kicks tosin on ihan perusrunttaus, samoin kuin monet ensilevyn biisit, mutta jatkossa bändin suunta selkiytyi ja huolellisemman tuotannon myötä lauluista alkoi löytyä ihan uusia ulottuvuuksia ja päähän jäävät melodiat pääsivät oikeuksiinsa. Sanoituksetkin ovat jotain ihan muuta kuin angstisten punkkareiden paatosta. Undertones ei vihaa biiseissään ketään. Päinvastoin, he suorastaan rakastavat kaikkia. Kuten Teenage Kicksissäkin. Laulaja on typerryttävän rakastunut johonkin naapuruston tyttöön, jota hän aina vain etäältä ihailee. Lähestyä hän ei kuitenkaan rakkauden kohdettaan tohdi. Niinpä hän joutuu vain toistelemaan itselleen toivettaan: Kunpa hän olisi minun. Pitäisin hänestä tiukasti kiinni, enkä päästäisi ikinä irti. Mutta sellaistahan se on teinien elämä. Hiljaisia ja salaisia rakastumisia, jotka usein johtavat pettymyksiin.

Vuonna 1983, neljän levyn jälkeen, bändi oli hajoamisen partaalla. pohjois-irlantilainen veri oli kuohahtanut useampaankin kertaan ja tilanne oli tulehtunut. Sisäiset kemiat eivät enää toimineet ja musiikillisestikin alkoi olla erimielisyyksiä. Kundit olivat kasvaneet Undertonesin aikana aikuisiksi. Osa oli jo naimisissa ja lapsiakin oli kertynyt. Kipinä jatkuvaan kiertämiseen oli kadonnut nyt kun maailmassa oli muutakin. Oli parempi lopettaa bändi ennen kuin olisi liian myöhäistä.

Ilmeisesti erimielisyydet olivat kiteytytyneet enimmäkseen laulaja Feargal Sharkeyn ja muun bändin välille. Feargal oli useaan kertaan ilmoittanut haluavansa lähteä bändistä. Mielessä miehellä siinsi sooloura, joka lähtikin aika mainiosti käyntiin Undertonesin hajoamisen jälkeen. Vuonna 1985 sinkkunsa A Good Heart nousi Englannissa aina listaykköseksi asti. Sooloura jäi kuitenkin vain kolmen levyn mittaiseksi, joista viimeisin ilmestyi 1991.

John O'Neill ja veljensä Damian perustivat vanhojen ystäviensä kanssa That Petrol Emotion nimisen yhtyeen, joka edusti musiikillisesti hieman kunnianhimoisempaa musiikkia kuin mitä Undertones oli ollut. Bändiltä ilmestyi kuusi levyä.

Vuonna 1999 Undertones päätettiin kasata uudestaan. Feargal Sharkeytakin pyydettiin mukaan, mutta hän kieltäytyi yhteistoiminnasta. Häntä ei myöskään näy BBC:n tuottamalla Undertones dokumentilla Here Comes The Summer. Toisessa dokumentissa, Undertones Storyssä vuonna 2003, hän sentään antaa haastattelua, mutta ei ole siellä missä muu bändi on. He ovat Derryssä. He ottavat valokuvia alkuperäisillä paikoilla, joissa olivat 70-luvullakin bändikuvissa poseeranneet. Feargalin paikalle kuviin asettuu toinen mies. Mies, jota voi pitää bändin yhtenä ylimääräisenä jäsenenä. Mies, jonka ansiota moni asia Undertonesin menestyksen takana oli: John Peel.

John Peel, oikelta nimeltään John Robert Parker Ravenscroft, kuoli sydänkohtaukseen 25. lokakuuta 2004. Hautajaiset olivat musiikin värittämät. Hän oli usein viime aikoina puhunut kuolemastaan ja tehnyt lähipiirilleen selväksi mitä haluaa tilaisuudessa soitettavan. Silti kuolema tuli kaikille yllätyksenä. Tilaisuuteen oli hankittu tiskijukka huolehtimaan musiikkipuolesta ja kun arkkua lähdettiin kantamaan hautaan kaiuttimista alkoi soida Teenage Kicks. Se oli ollut toiveista tärkein. Kuulla kaikkien aikojen paras kappale omissa hautajaisissaan.

Mutta ei siinäkään vielä kaikki, sillä mitä lukeekaan miehen hautakivessa? Ylimpänä kiveä koristaa Liverpoolin kaupungin tunnuksena tunnettu lintuhahmo, joka löytyy myös Liverpoolin jalkapallojoukkueen logosta. Tämä siksi, että John Peel oli myös jalkapallomiehiä ja Liverpool oli hänen suosikkijoukkueensa. Sen alla: John Peel, 1939 - 2004, Rakkaudella aviomiestä, isää ja isoisää muistaen. Ja vielä sen alla, lähes nurmikon tasalla, sieltä löytyy erään 70-luvun lopulla tehdyn rock-kappaleen ensimmäinen rivi: TEENAGE DREAMS SO HARD TO BEAT.

YÖ – NIIN PALJON ME TEIHIN LUOTETTIIN

(1985)

Yö-yhtyeen ensimmäinen levy Varietee on yksi kaikkien aikojen parhaista kotimaisista debyyttilevyistä. Vaikka sen ilmestymisestä (1983) on kulunut aikaa jo yli kolmekymmentä vuotta se kestää kuuntelua vielä tänä päivänäkin ilman minkäänlaista vahingoniloista hymyilyä 80-lukulaisille soundeille, bändin vakavalle imagolle tai myöhäiselle teiniangstille. Edelleen, vaikka sen jälkeen on vettä virrannut Porin läpi kulkevan Kokemäenjoen uomaa pitkin miljoonia, miljardeja...(?) kuutioita liikuttavat Varieteen biisit mieltä edelleen monella tavalla. Levyn kolmestatoista kappaleesta ei löydy yhtäkään täyteraitaa tai toistaan heikompaa biisiä. Hämmästyttävä levy. Kaikki toimii: sävellukset, tuotanto, laulu, soitto, sanoitukset ja laulujen synkkämieliset tarinat.

Suurin ansio viimeksi mainituista kuuluu silloin vielä 18-vuotiaalle Jussi Hakuliselle, jonka käsialaa kaikki levyn kappaleet ovat. Hymyttömän 80-lukulaisen, ahdistuneen ja maailman kaltoin kohteleman rokkarin imagoa vetänyt Hakulinen oli kieltämättä roolissaan suhteellisen vakuuttava ja vetosikin luonnollisesti tärkeimpään kohdeyleisöön, johon tämä maailmantuskan ahdistama imago kyllä takuuvarmasti upposi. Sitä en kyllä osaa sanoa, että oliko tämä imago sittenkään niin kovin harkittua, sillä enpä muista Hakulisesta paljon hymykuvia nähneeni myöhemminkään.

Sen sijaan monessa muussa suhteessa maailma on muuttunut kovasti paljonkin niiden aikojen jälkeen. 80-luku muuttui aikanaan 90-luvuksi ja muutti sen puolivälissä Yönkin nuorison suosikkiorkesterista keski-ikäisempien, etupäässä edelleen naispuolisten fanien ykkösorkesteriksi. Väliin mahtui kuitenkin hyvin laihoja vuosia, joiden aikana bändi keikkaili alati pieneneville yleisöille. Silloin tuntui, ettei ketään kiinnostanut. Levyt eivät myyneet ja monet olivat hämmästyneitä kuultuaan, että bändi yleensä oli enää olemassa. Jokin outo voima kuitenkin jaksoi potkia yhtyettä eteenpäin.

Vihamiehiä, vähättelijöitä ja naureskelijoitakin Yön ympärillä parveili ihan riittämiin, mutta nämä vahingoniloiset rääväsuut eivät olleet kuitenkaan se suurin yhtyeen ongelmista. Se suurin ongelma bändille silloin oli nimittäin bändi itse. Jo silloin 80-luvun alkupuolla yhtye loi itse pohjan monille niistä ongelmista joiden kanssa se sittemmin joutui painimaan. Sieltä asti vuosikymmenen loppuun ja läpi lähes koko seuraavan vuosikymmenen, muutamia pieniä valonpilkahduksia lukuunottamatta, Yö kävi jatkuvaa selviytymistaistelua. Tie oli pitkä, kivinen, karvas ja viinan liukastama kunnes viimein 2000-luvulla yhtye teki sen uskomattoman nousun suomalaisen bändikartan isoimpien joukkoon missä se vaikuttaa vieläkin.

Siihen saavutukseen on 80-luvulta pitkä matka ja sinä aikana on tapahtunut paljon. On jopa arveltu Yön yllä leijuneen jonkinlaisen kirouksen, minkä ansiosta niin moni asia yhtyeen pitkässä historiassa on aina lopulta tuntunut kääntyvän ei toivottuun tulokseen. Moni negatiivinen asia sai alkunsa tulehtuneista henkilökemioista, joiden ansiosta yhtyeessä vallitsi lähes jatkuva sotatila. Hajoamistakin enteiltiin lähes jatkuvasti. Eikä loppu muutamaan kertaan kaukana ollutkaan.

Yön hajoamishuhuhistoria onkin hyvin erikoinen. Huomattavaa asiassa on kuitenkin nimenomaan se, että aina puheet ovat jääneet todellakin vain huhun asteelle. Väkeä on vaihtunut, mennyt ja tullut, eikä alkuperäisestä kokoonpanosta enää 2000-luvulla ole ollut jäljellä muita alkuperäisjäseniä mukana kuin Olli Lindholm (satunnaisia vierailuja lukuun ottamatta). Itse asiassa ja oikeastaan Olli onkin tänä päivänä yhtä kuin Yö. Ilman Ollia ei olisi Yötä ja kun Olli lopulta saa tarpeekseen hommasta loppuu Yökin. Uskoisin kuitenkin, että tämä skenaario ei ole kovinkaan ajankohtainen. Voi hyvinkin olla, että Yö kohtaa auringonnousunsa vasta luonnollisen poistuman kautta. Mutta ei kiirehditä. Antaa ajan näyttää - tai Ollin.

Ensimmäisen kerran Yön hajoamisesta oltiin varmoja jo toisen levyn, Nuorallatanssijan, jälkeen vuonna 1984, kun Jussi Hakulinen jätti bändin. Epävakaiden henkilökemioiden ja hattuun nousseen äkillisen menestyksen lisäksi mieltä kiristi jäsenistön ronski alkoholinkäyttö, jota esimerkiksi Olli on puinut mediassa hyvinkin avoimesti kuin myös omaelämänkerrallisessa Yö-historiikissaan Yhden Yön Tarina. Nuorten nousukkaiden piti yrittää olla niin kuin oikeat rokkibändit, jotain kuten Juice ja Popeda, mutta homma ei lopulta toiminutkaan ihan niin kuin esikuvilla. Jos se nyt toimi heilläkään. Joka tapauksessa Yö oli kaivanut rock-uskottavuutta etsiessään itse ensimmäisen ison kuoppansa, johon se epäröimättä hyppäsi.

Niin kuin Varieteenkin kappaleet, Jussi Hakulinen oli säveltänyt myös kaikki Nuorallatanssijan biisit, joten hän jätti bändin suhteellisen epävarmaan olotilaan. Kuka tekee biisit? Vastaus saatiin seuraavana vuonna kun Yön kolmas albumi Myrskyn Jälkeen ilmestyi. Kaikkiin levyn yhdeksään kappaleeseen oli merkitty säveltäjäksi Yö. Sanoituksien takana seisoi yhtä biisiä lukuun ottamatta Olli Lindholm. Siinä yhdessa, Onnellinen Perhe, sanoittajana toimi Ollin suuri idoli Pelle Miljoona.

Tuottajaksi Myrskyn Jälkeen-levylle oli hankittu T.T. Oksala, pitkän linjan muusikko, joka oli nyt tuottajan uransa alussa. 80-luvun kuluessa hänestä sukeutui vuosikymmenen suomalainen levytuottaja numero yksi, jonka kosketus oli Midaksen vastaavaan verrattavissa. Hän loihti levylle isot ja entistä hevimmät 80-lukulaiset soundit, jollaisista hän vähän myöhemmin tuli tunnetuksikin, tosin ennemminkin etupäässä muiden bändien kanssa.

Merkittävimmät, tai ainakin tunnetuimmat, tuotoksensa T. T. Oksala teki vuosikymmenen mittaan mm. Sielun Veljien, Peer Guntin, Zero Ninen ja Boycottin kanssa. Yö jäi tuloksellisesti noiden edellä mainittujen yhtyeiden jalkoihin. T. T. kyllä osasi ja taisi, mutta edellisiin orkestereihin nähdenhän Yö oli lähes iskelmää. Sen lisäksi sillä oli suuren yleisön keskuudessa kannettavanaan jo parin levyn jälkeen saavutettu vanha maine, joka oli alkuvuosien menestyksen jälkeen kääntynyt yllättäen negatiiviseksi ja jossain määrin yhtyettä pidettiin jopa vitsinä. Yöstä oli tullut unelma-alun jälkeen jo kolmannella levyllään eräänlainen väliinputoaja, jolla oli kohdeyleisö kateissa.

Näkyvyyttä lehdistössäkään se ei saanut niin paljoa kuin jotkut kilpailijansa, joiden kanssa taisteltiin samoista markkinoista. Loppupelissähän musiikkimaailmassa suosio mitataan kuitenkin myyntiluvuissa ja siihen tarvitaan näkyvyyttä muuallakin kuin peräkylien tanssilavoilla. Television musiikkitarjonta oli siihen aikaan hyvin rajallista ja ennen kaupallisten radiokanavien tulemista kohdeyleisön tavoittaminen oli lähestulkoon pelkästään musiikkilehtien varassa, eikä Yö ollut enää alkuhuuman jälkeen näiden lehtien suosiossa. Suosikki kyllä kirjoitti aluksi jotain, mutta Dingon tultua sekin väheni.

Huonoista lähtökohdista huolimatta Myrskyn Jälkeen oli kuitenkin onnistunut levy ja kuului vuoden yllättäjiin. Paljolti siksikin, ettei Yöltä siinä vaiheessa uskallettu paljoakaan odottaa. Pelätty biisinteko-ongelmakaan ei osoittautunut ylivoimaiseksi. Mutta vaikka lopputulos olikin onnistunut, ei levy käynyt enää kaupaksi kahden edeltäjänsä malliin. Samoin kävi seuraavillekin, joita ilmestyi noin yksi per vuosi. 90-luvun puolivälissä oltiin tultu tilanteeseen, jossa ensilevy Varieteen jälkeen Yöltä oli ilmestynyt jo yhdeksän levyä ja käytännössä katsoen niiden myyntimäärät olivat tulleet koko ajan alaspäin.

Musiikki ei elättänyt soittoniekkoja, joten keulahahmo-Ollikin joutui hakeutumaan välillä oikeisiin töihin. Entinen rokkitähti pudotettiin lujasti maan pinnalle ja hän työskenteli aikansa mm. siivoojana ja taksikuskina. Ainakin se opetti nöyryyttä, minkä Olli on myöhemmin myöntänytkin.

Eikä hyvin mennyt T.T. Oksalallakaan. Töitä riitti. Ehkä jopa liikaakin. Monien muiden projektiensa lisäksi hän oli vuosien mittaan tuottanut Myrskyn Jälkeen-levyn lisäksi neljä muutakin Yön levyä. 2000-luvulle tultaessa hänen kädenjäljestään pääsivät nauttimaan vielä mm. HIM ja Lordikin, mutta rankka työ vaati rankat huvit ja hän alkoi ajautua kohti alkoholismia. Tämä johti luonnollisesti ongelmista ongelmiin ja lopulta edesauttoi myös hänen kuolemaansa vuonna 2010. Eräs huhu kertoo syynä olleen sydänkohtauksen, mutta joidenkin julkisuuteen annettujen tietojen mukaan syynä olivat pitkäaikaisen sairastamisen seuraukset. No, sairauksia on monenlaisia ja kaikki tietävät mikä oli T.T.:n sairaus. Kaikkihan eivät sitä sairautena pidä, mutta jos T.T. sen seurauksena sairastelikin, niin kaikki asioista vähänkin perillä olevat tietävät ainakin mistä ne sairaudet johtuivat. R.I.P. T. T. Nimesi löytyy monesta levyhyllystä.

90-lukulaisesta lamasta huolimatta Yö päätti jatkaa taivaltaan. Mutta näin se ei voinut jatkua. Jotain piti keksiä. Levy-yhtiössäkin tiedostettiin ongelma. Yhtye oli uransa alusta asti ollut Poko Rekordsin leivissä (ja on vielä tänä päivänäkin), jossa myös mietittiin kuumeisesti seuraavaa siirtoa.

Alkuperäinen fanikanta alkoi olla jo kolmekymppistä ja heidän vanhat Yö-levynsä olivat jääneet jo ajat sitten pölyttymään varastojen nurkkiin tai sitten ne oli myyty kirpputoreilla tarpeettomina muutaman markan hintaan. Kaikki asianomaiset tiedostivat kuitenkin Yön vanhojen hittien potentiaalin, mutta niiden kohdeyleisö oli kateissa. Tai ei ehkä kateissa, mutta hieman unohduksissa. Heitä piti hieman herätellä.

Musiikkibisneksessä tiedetään, että nostalgialla on myyty levyjä ennenkin ja niinpä Poko-Rekordsissakin ajateltiin silloin, että tämäkin homma pitää nyt päivittää. Päivitystä se tarvitsi myös senkin takia, että levymyynnissä oli tapahtunut edelliseltä vuosikymmeneltä suuri muutos, kun vinyylikaudelta oltiin siirrytty cd-aikaan. Päätettiin julkaista kokoelmalevy "Parhaat".

Vuosi oli silloin 1995 ja levy nosti pitkästä aikaa Yön taas hyville listasijoituksille. Suomen virallisella listalla se nousi sijalle kolme, Green Dayn (Insomniac) ja AC/DC:n (Ballbreaker) perään, mutta siitä se alkoi taas hivuttautua hiljalleen alaspäin. Pitkässä juoksussa levy myi kuitenkin aika hyvin saavuttaen tuplaplatina-levyyn oikeuttavan myyntimäärän. Musiikkituottajien sivuston mukaan kokonaismyyntimäärä oli suhteellisen huikea 97 380 kpl.

Parhaat oli koottu lähes kokonaan 80-luvun tuotannosta ja levyn julkaisun myötä tapahtui pieni ihme, sillä listamenestyksen myötä myös sen aikainen nuorisosukupolvi löysi Yön musiikin. Levyä ostivat nyt siis kahden eri aikakauden teinit ja vanhojen Varieteen aikaisten hittien lisäksi levyltä nousi esiin joitain uusiakin, kuten Tia-Maria, josta tuli yhtäkkiä yksi Yön suosituimmista biiseistä.

Huuma kesti kuitenkin huimasta myynnistä huolimatta vain hetken ja vaikka kaikki näytti niin hyvälle oli suunta taas alaspäin. Parhaat-levyn sukseen myötä seuraava levy Satelliitti myi vielä kultaa. Mutta siltä puuttuivat kuitenkin selvät hittibiisit ja jo aiemmin tutuksi käynyt alamäki alkoi taas. Kuopan pohjalla bändi kävi 1999, kun bändin neljästoista levy Valo myi ainoastaan 4000 kappaletta.

Taas piti jotain tehdä. Ehkä jonkun mielestä mentiin riman alta, mutta koska vanha konsti on tunnetusti parempi kuin pussillinen uusia, niin päätettiin julkaista taas kokoelmalevy. Se oli onnistunut kerran, onnistuisiko se toisen kerran. Niinpä 2001 se julkaistiin: seuraava, vielä kattavampi kokoelma, 36 kappaletta sisältänyt Legenda. Levyltä löytyi 15 edellisellä kokoelmallakin ollutta biisiä, mutta siitä huolimatta kauppa kävi taas. Levy myi peräti multiplatinaa, Levytuottajien sivuston mukaan 146 614 kappaletta ja se viihtyi Top 40-listalla 29 viikkoa.

Suunnitelma onnistui nappiin ja Legendan menestys takasi Yölle taas paikan maamme kysytyimpien keikkabändien joukkoon. Aurinko oli viimein alkanut paistaa Yötä kohti ja periksiantamattomuudelle oli tulossa palkinto ja kruunu vielä seuraavankin levyn myötä. Rakkaus On Lumivalkoinen ilahdutti ja vihastutti koko kansakuntaa kaksi vuotta myöhemmin. Levy myi edeltäjänsä Legendan tavoin multiplatinaa. Ihan samaan lukemaan se ei yltänyt, mutta 137 775 myytyä kappaletta on silti suhteellisen kunnioitettava määrä. Levyn vastaanotto oli hyvin kaksijakoinen. Ensinnäkin se alkoi soida radiossa jatkuvalla syötöllä. Tuntui että sitä ei päässyt pakoon millään kanavalla. Sitähän radio tietysti soittaa mitä ihmiset haluaa ja näyttiväthän sen jo myyntiluvutkin, että tätä he silloin halusivat.

Käänteisreaktiokin oli tietysti selviö. Tosimiehille Yö on varsinkin nykyään "ranteet auki-musaa" ja suuri ansio siitä kunniasta kuulunee juuri Rakkaus On Lumivalkoiselle. Moni saa siitä puistatuksia ja todennäköisesti vaihtaa radiokanavaa jos se sieltä alkaa soida.

Kaikkiahan ei voi aina miellyttää. Musiikki herättää tunteita, musiikki aiheuttaa keskustelua ja musiikki pistää meidät reagoimaan. Rakkaus On Lumivalkoinen teki ilmestyttyään kaikkea tätä ja kun kappale vuonna 2003 julkaistiin singlenä ja saman nimisellä levyllä ei mikään ollut Yöllä enää niin kuin edellisen lähes kahdenkymmenen aikana, jolloin oli kynnetty ajoittain niin syvällä, että jalat olivat polvia myöten paskassa.

Sieltä kuiville kahlaaminen kertoo periksi antamattomuudesta ja osin myös jääräpäisyydestäkin - siitä samaisesta suomalaisesta ominaisuudesta, mikä pisti Koskelan Jussinkin aikanaan rakentamaan talonsa suolle. Tai miksei vaikka Väyrysen Paavosta, joka tulee aina vaan uudestaan takaisin välittämättä pätkääkään muiden mielipiteistä. Sekin on omalla tavallaan kunnioitettavaa. Näin ollen Yön tarinaakin voidaan pitää jopa jonkinlaisena suomalaisena selviytymistarinana, joka jo pelkästään yli kolmekymmenvuotisen historiansa ansiosta on tässä maassa ainutlaatuinen. Osin jopa kansainvälisestikin, vaikka kyllähän maailmanhistoria tuntee lukuisia muitakin tällaisia bändejä, jotka ovat yhtälailla keikkuneet hajoamisen ja yhdessä olon välimaastossa, mutta ovat siitä huolimatta tuottaneet lukuisia määriä kuolemattomia klassikoita. Esimerkiksi sellaiset maailmankuulut orkesterit kuin Beatles, Byrds, Clash, Eagles, Oasis, Police ja Ramones olivat sisäisesti hyvinkin hajanaisia joukkoja. Edellä mainituissa eivät kaikki jäsenet olleet edes puheväleissä keskenään, vaikka samoissa kuvissa poseerasivatkin.

Kotimaisista isoista bändeistä on kuohunut Yön lisäksi ainakin Hurriganesissa, Hanoi Rocksissa, Kolmannessa Naisessa ja Peer Guntissä. Muut näistä ovat saaneet ainakin suurimmat riitansa sovittua, vaikka kaikki eivät ehkä enää samalle lavalle mahdukaan, mutta viimeksi mainitussa tapauksessa, sen aidoimmassa ja vaarallisimmassa kokoonpanossa, taitaa sopu olla niin kaukana, että comeback lienee mahdoton ajatus. Valitettavasti. Tosin onhan helvetti jäätynyt ennenkin.

Aika monissa edellisistä (ei kaikissa) tapauksista riidat ovat kulminoituineet erinäisiin nautintoaineisiin, niiden liikakäyttöön ja niiden pimeisiin ja sosiaalista elämää rajoittaviin tekijöihin. Pitkiltä keikkamatkoilta on usein rock-romantiikka muutenkin kaukana ja kun aamusta iltaan istuu samassa keikkabussissa samojen väsyneiden naamojen kanssa, koettelee se kenen tahansa huumoria. Alkoholi tarjoaa lohtua, mutta jos sen takia jää hommia vaiheeseen tai kokonaan tekemättä ei ole ihme, että se alkaa jossain vaiheessa jonkun korvien välissä kiristämään.

Näin se oli Yönkin kohdalla silloin kun Jussi Hakulinen jätti bändin 1985. Hänellä ei huumori riittänyt siihen, että muut halusivat olla vain rokkitähtiä siinä missä hän itse yritti viedä yhtyettä eteenpäin ja kehittää sen musiikillista puolta. Ei ole kahta sanaa siitä, etteivätkö ensilevyn mestarilliset biisit olisi olleet juuri se juttu minkä ansiosta bändi aikanaan pääsi levyttämäänkin. Imagojuttujen lisäksi sama homma päti myös siihen, että marraskuussa ilmestynyt ensilevy oli vuoden loppuun mennessä myynyt jo timanttilevyyn oikeuttavan määrän, 50 000 kappaletta, eikä loppua näkynyt.

Silloin rakennettiin Yön musiikilliset perustukset ja niillä samoilla perustuksilla yhtye seisoo edelleenkin. Niinpä ei olekaan ihme, että ne perustukset alkoivat ensi kertaa heilua samantien kun johtava biisintekijä lähti omille teilleen ovet paukkuen. Jäljelle jääneet yrittivät jatkaa biisintekoa Jussia "siteeraten" ja onnistuivat siinä välillä kieltämättä aika hyvinkin. Samanlaista ilotulitusta se ei enää ollut, mutta tuloksena syntyi ajoittain esimerkiksi sellaisia Yöklassikoita kuin Lasisilma ja Vie Mut Minne Vaan, jotka eivät häviä yhtään Jussi Hakulisen parhaille tuotoksille. Ja pitää muistaa myös se, että Yö suinkaan menettänyt pelkästään biisintekijäänsä, vaan se menetti myös yhtyeen suosituimman hahmon. Vaikka hänen paikkansa lavalla sijaitsikin takavasemmalla kosketinsoittimiensa takana, oli hän silti yhtyeen sydän, minkä koko yhtye ja fanikaartikin varsin hyvin tiesivät.

Jussi Hakulisen soolouran ensimmäinen single heti Yöstä poistuttuaan oli hyvin moniselitteisesti nimetty: "Yö Jota Ei Ollutkaan". Jussi on itse kertonut, että kappale ei liittynyt millään tapaa Yö-yhtyeeseen, mutta loogiselta ajattelulta on mahdotonta välttyä. Osapuolet erosivat isojen riitojen jälkeen ja etenkin Jussi tunsi olevansa bändissä ainoa, joka mielestään kantoi vastuuta koko homman jatkuvuudesta. Muu Yö ei ymmärtänyt Jussin asemaa. Tai varmaankin ymmärsi, mutta heidän oma vastuunkantonsa yhteisen tavoitteen saavuttamiseksi oli hieman heikompaa.

Jussin odotettiin tekevän nöyrästi kaikki työ bändin biisien eteen siinä kun muille kuului vain soittaminen, hauskanpito, maineen aalloilla surffailu ja viinan kanssa läträäminen. Niissä he olivatkin hyviä, mutta Jussia tämä oheistoiminta ei innostanut. Hän oli taiteilijasielu, joka halusi edetä ja kehittyä alallaan. Niin varmaan muutkit Yöt olisivat halunneet, mutta he eivät olleet niinkään valmiita, eivätkä myöskään yhtä lahjakkaita ja kykeneviä tekemään paljoakaan asian eteen. Niinpä kappaleen kertosäkeessä rivit: "Nyt voin taas hengittää. Piiloon kallioluolaan mustat varjot nyt jäädä voi", saattanevat hyvinkin kertoa juuri siitä helpotuksesta mitä Jussi tunsi vapauduttuaan Yön asettamista kahleista. Jussin kapeille harteille kasattiin yhtyeen suurimmat paineet eikä hän jaksanut niitä yksin kantaa. Ehkä olikin parempi ainakin hänen itsensä kannalta että pääsi pois ahdistavasta ympäristöstä. Paineet olivat epäilemättä valtavat, mitä lisäsisivät vielä erään toisen markkinoille ilmestyneen porilaisbändin heittämällä ohi ajanut suosio. Yö jäi taistossa kakkoseksi, mutta olisi ollut todella mielenkiintoista nähdä mitä olisi tapahtunut jos hommat Yössä olisivat toimineet paremmissa merkeissä ja Jussi olisi jatkanut bändin primusmoottorina. Suomirock saattoi menettää vielä isomman tarinan.

Jussin ilkeästi nimetty soolosingle sattui kipeästi Yön jäljelle jääneisiin jäseniin. Miehen hälyä tasoittelevista vakuutteluista huolimatta oli kaikkien muiden vaikea uskoa asiaa mitenkään toisin. Yö Jota Ei Ollutkaan niminen kappale ei voinut olla sattumaa. Siihen piti vastata.

Vastaus kuultiin marraskuussa 1985, kun Yö julkaisi singlen "Niin Paljon Me Teihin Luotettiin". Kappale löytyi myös Myrskyn Jälkeen-levyltä, joka ilmestyi kuukautta myöhemmin. Sanoitus oli Olli Lindholmin kynästä ja siitä paistoi vahvasti se pettymys minkä Jussin lähtö Ollissa oli aiheuttanut. Hän oli purkanut sanoitukseen koko negatiivisen tunneskaalansa yksipuolisen vuoropuhelun muodossa. Jussihan oli omansa jo kertonut väittäessään ettei Yötä ollut koskaan ollutkaan. Niinhän Olli sen oli tulkinnut ja ottanut sanat loukkauksena peilaten sitä kaikkiin menneisiin, yhteisiin ja hyviin vuosiin.

Niin Paljon Me Teihin Luotettiin-kappaleen sanoitus oli niin väkevä ja vahvojen tunteiden kourissa kirjoitettu, että Olli luultavasti oli itsekin sitä kirjoittaessaan jonkinlaisen maanisdepressiivisen vimman kourissa. Välillä silmät kostonhimosta kiiluen ja seuraavassa hetkessä taas lähes kyyneltä niistä kuivaten. Varmaan hän itsekin säikähti välillä omia ajatuksiaan tunteidensa heitellessä laidasta laitaan. Välirikosta hän tuntui syyttävän vain ja ainoastaan Jussia, joka lupauksistaan huolimatta petti Yön ja jätti sen oman onnensa nojaan.

Tuolloin parikymppinen Olli ei vielä tunnekuohuissaan osannut katsoa peiliin. Hän ei silloin ymmärtänyt, että Jussin poistuminen kuvioista oli tältä ilmiselvä itsesuojelureaktio, jonka ansiosta hän ehkä jopa suojeli omaa mielenterveyttään. En tiedä puhuttiinko burn outista vielä tuohon aikaan, mutta joitain oireita Jussilla sellaisesta oli. Myöhempinä vuosina nuo samaiset oireet tulivat Ollille itselleenkin tutuiksi. Tuli aika, jolloin hän huomasi vieraantuneensa siitä peilistä katsovasta samannimisestä ja -näköisestä kaverista, jonka silmissä oli särkynyt katse.

Niin Paljon Me Teihin Luotettiin oli kosto Jussi Hakuliselle. Tai ainakin sen tarkoitus oli hankaloittaa hänen soolouraansa kertomalla koko maailmalle isoon ääneen minkälaisesta petturista on kysymys. Rivien välistä luettavissa oli myös syyttely siitä, että Yön jyrkkä alamäki oli ainoastaan Jussin lähdön syytä. Missä oli kyllä osa totuuttakin. Jussin asema ei ollutkaan ihan niin vaan korvattavissa. Tämän tiesivät kaikki muutkin ja myös sen, että Jussi oli se yhtyeen tärkein avain kohti Yön tavoittelemia unelmia. Kaikki särkyi hetkessä ja se kiteytyykin kertosäkeen mielikuvassa "Kun mä selkäni käänsin pois iskit puukon mun unelmiin". Ilmaus oli niin vahva, että varmasti Jussi Hakulinenkin oli aiheesta hämillään. Kyllä hänkin tiesi mistä ja kenestä laulussa laulettiin.

Laulun edetessä Olli alkaa kuitenkin vihan keskellä yllättäen osoittaa henkisen kasvun merkkejä. Hän on ensin antanut tulla täydeltä laidalta vimmoissaan kaiken mitä on sisällään tuntenut. Vaikka negatiiviset tunteet ovatkin laulun mittaan olleet vallitsevia alkaa hän loppupuolella leppyä ja osoittaa jopa sovinnon mahdollisuutta. Hän tuntuu viimein ymmärtäneen Jussin paineet ja on valmis antamaan tälle jopa anteeksi. Ehkä ero olikin oikea ratkaisu, mutta kaiken voi aloittaa uudelleen. Laulun viimeiset rivit ovatkin selvä anteeksianto ja symboloivat selvästi sovinnon halua: "Sylini on sulle avoinna kuin silloinkin kun ensi kerran kauan sitten kohdattiin". Loppu jättääkin tulevaisuuden avoimeksi ja antaa vielä toivoa sille, että kaikki on ehkä vielä korjattavissa. Ainakin Ollin puolelta, mutta entä Jussin...?

Haavat olivat niin syvät, että kului vielä monta vuotta ennen kuin miehet pääsivät taas puheväleihin. Yhtyeeseen Jussi ei kuitenkaan (enää koskaan) liittynyt. Yhteinen keikkabussi oli havaittu jo 80-luvulla liian ahtaaksi parivaljakolle Lindholm / Hakulinen. Vähitellen parivaljakon välit kuitenkin lämpenivät uudelleen, mikä johti 90-luvulle tultaessa jopa siihen asti, että Jussi Hakulisesta tuli eräänlainen virallinen Yön ulkoinen jäsen - ainakin vähäksi aikaa. Tästä järjestelmästä hyötyivät kaikki osapuolet ihan levy-yhtiötä ja suurta yleisöä myöten. Comebackin Yön levyille hän teki vuonna 1991 Antaa Soittaa-levylle. Levyn kappaleista puolet oli hänen säveltämiään ja näin oli vielä seuraavalla Kymmenes Kevät-levylläkin, kunnes taas tapahtui jotain ja osapuolet ajautuivat jälleen erilleen muutamaksi vuodeksi. 90-luku ja 2000-luvun alku olivat Yölle hyvin monivivahteista aikaa. Siinä välissä oli ehtinyt tapahtua paljon. Yhtye ehti käydä syvällä, nousta korkealle, pudota taas ja nousta ylös. Huiput olivat kokoelmalevyjen hetkellistä ansiota. Silti huikeista myyntimääristä huolimatta niiden suosio ei edistänyt juurikaan muiden levyjen myyntiä. Mutta Yö jaksoi jatkaa. Legenda-kokoelman myötä asiat näyttivät taas hyvältä. Vuoden 1983 jälkeen yhtye oli nyt korkeammalla kuin koskaan. Mutta jos joku, niin Yö tiesi sen minkä menneisyys oli sille monta kertaa ennenkin opettanut: Korkealta oli tultu todella lujaa alas ennenkin.

Sitten tuli vuosi 2003. Ollin kanssa välit kuntoon saanut Jussi Hakulinen oli jälleen kuvioissa mukana. Hän sävelsi elämänsä biisin, ainakin toisen niistä, Joutsenlaulun lisäksi, ja tarjosi sitä Yön levytettäväksi. Se oli kappale, joka oli vihdoin viimein nostava Yön sille menestyksen tasolle pysyvästi, minkä se olisi työllään ansainnut jo ehkä paljon aiemminkin.

Rakkaus On Lumivalkoinen oli se talvisodan voittobiisi, joka vihdoin viimein teki Yöstä sen suomalaisen mittakaavan megabändin, jonka ansiosta yhtye on siitä asti ollut maamme suosituimpia bändejä. Niin levy- kuin keikkamyynnissäkin. Taakse on yli kolmenkymmenen vuoden aikana jäänyt tuhansia keikkoja,

151

kymmeniä tuhansia esitettyjä kappaleita ja miljoonia kilometrejä, joiden varrelle on jäänyt suomalaisen rokkibändin historia, joka hakee vertaistaan. Tämän päivän bändit eivät sellaisiin tarinoihin enää pysty. Business on nykyään niin paljon kontrolloidumpaa ja tuloshakuisempaa, että vastaavanlaisen tien kulkeneet bändit eivät vaan yksinkertaisesti pysyisi kasassa niitä kaikkia aallonpohjia missä Yökin käväisi.

Suurinta jääräpäisyyttä tässä sirkuksessa on tietysti osoittanut Olli Lindholm, mutta kiistatta myös Jussi Hakulisella on aina ollut hyvin tärkeä rooli Yön tarinassa - oli hän bändissä tai ei. Siitäkin huolimatta, että hän ei ole ollut Yön virallinen jäsen enää noin kolmeenkymmeneen vuoteen, on hän Ollin ohella suurin yksittäinen tekijä sille, että Yö yleensä on vielä tänä päivänäkin olemassa (levy-yhtiötäkään unohtamatta). Jos vaikka tarkastelee vapaamuotoisesti bändin ylä- ja alamäkiä, niin huomaa sellaisenkin seikan, että menestyksen indikaattori on usein ollut juuri Jussi Hakulinen ja etenkin hänen säveltämänsä kappaleet. Ei varmastikaan esimerkiksi löydy keikkaa, jolla ei olisi soitettu joitain ykköslevyn kappaleita, eikä myöskään vuoden 2003 jälkeistä keikkaa, jolla ei olisi kuultu Rakkaus On Lumivalkoista. Ainakin jälkimmäisestä olen satavarma. Tämän joutsenlaulun myötä Yöstä on tullut ikuinen ilmiö suomalaisella tähtitaivaalla. Keikkaa riittää ja viimeiset levytkin ovat jatkuvasti myyneet kultaa ja platinaa, mutta missä on seuraava iso hitti? Kuinka pitkälle vanhoilla voi mennä? Niitäkin kyllä repertuaarissa riittää usean keikan mittaisesti, mutta uudet biisit eivät enää saa esimerkiksi radiosoittoa vanhojen vertaisesti.

Vierailevia säveltäjiäkin levyillä pyörii Hakulisen lisäksi Juha Tapiosta Pauli Hanhiniemeen, mutta isoja hittejä ei siltikään ole syntynyt. Herääkin pieni epäilys, että onkohan Yön sapluunalla enää sittenkään rahkeita jatkaa vielä toiset kolmekymmentä vuotta. Vieläkö maine ja perse kestää yhden jyrkän alamäen? Minä väitän, että kyllä kestää. Kunhan vain Olli kestää ja Jussi säveltää aina silloin tällöin muutaman kivitalon kokoisen hittibiisin. Sillä edellytyksellä tietysti, että pysyvät edes jonkinlaisissa väleissä. Viime aikoina kun ovat taas kuulemma ajautuneet risteäville reiteille, mutta eiköhän se siitä taas. Odotellaan. Siihen asti kuunnellaan vanhoja hittejä. Ainakin Varietee-levyä, se kestää kuuntelua. Todettu on.

ZOMBIES – SHE'S NOT THERE

(1964)

Jos kaikki maailman biisit pistettäisiin jonoon paremmuusjärjestykseen, niin Zombiesin "She's Not There" keikkuisi varmastikin siellä kärkipäässä. Ainakin minun listallani. Sen tarkemmasta sijoituksesta en tiedä, kun en osaa sanoa edes sitä ykköstä. Pitkään olen sitä miettinyt ja joskus luullut sen keksineenikin, mutta seuraavalla viikolla en enää olekaan ollut asiasta ihan niin varma enää. Mieli on muuttunut. Välillä tulee mieleen, että ehkä sitä maailman parasta biisiä ei sitten ole olemassakaan. Voisiko olla näin? Toisaalta olen aina ollut vähän päättämätön monissa asioissa, niin että ehkä sekin on sitten vaan siitä kiinni. Päättämättömyydestä.

Onhan niistä maailman parhaista biiseistä kaikenlaisia listojakin tehty valintaa helpottamaan. Niitä on nettikin tulvillaan. Tuhansia, ja enemmänkin. Sellasia keskustelupalstojakaan ei varmasti montaa ole, joilla ei joku olisi joskus asiaa muilta tiedustellut. Olen niihin itsekin joskus vastaillut ja aina olen laittanut eri biisit. Tänään se voisi olla vaikkapa Zombiesin "She's Not There". Huomenna asiat ovat ehkä toisin ja saattaisin pitkällisten pohdintojen jälkeen päätyä vaikka Fleetwood Macciin, joka soi tällä hetkellä taustalla. Sitä vanhempaa Fleetwood Macciä, ajalta jolloin Fleetwood Mac oli vielä (maailman paras?) bluesbändi.

Arvovaltainen ja arvostettu Rolling Stone-lehti listasi 500 maailman parasta biisiä vuonna 2004. "She's Not There" löytyi sijalta 291. Ykkösenä oli Bob Dylanin "Like A Rolling Stone" ja kakkosena Rolling

Stonesin "Satisfaction". Suomalaisia ei ollut mukana. Suomalaisia oli mukana paljonkin, kun RadioMafian kuuntelijat listasivat vuonna 1995 myös 500 maailman parasta biisiä. Tuolta listalta ei sitten taas löytynyt Zombiesia ollenkaan. Jos ei Cranberriesin Zombie-nimistä kappaletta lasketa. Se löytyi sijalta 27. Hieno biisi sekin.

Parhaan suomalaisen biisin sijoituksen nappasi Yön "Joutsenlaulu" (-84). Koko listan ykkösenä oli Zeppelinin "Stairway To Heaven" (-71). Molemmat maailman parhaita biisejä, mutta mun mielestä ehkä sittenkin...

No joo, noilta osin tuo Mafian lista olikin ehkä aika realistinen, mutta kun Joutsenlaulua edeltävälle sijalle äänestettiin Nick Borgenin "Den Glider In" oltiinkin jo aika pahasti hakoteillä. Olihan se vuosi tietysti -95, joten tuo nyt oli varmasti vähän odotettavissakin. Ja oli siellä kärkipäässä muutamia muitakin aika hassuja juttuja. Rednexiä, Scatmannia ja Offspringiä esimerkiksi.

Mutta se Zombies. "She's Not There" julkaistiin vuonna 1964. Eli kappale alkaa olla kohta puoli vuosisataa vanha, mutta teho ja tenho eivät ole laantunut tippaakaan vuosien saatossa. Se kuulostaa vieläkin tuoreelta ja jollain tapaa salaperäiseltä.

Ehkä mielikuva syntyy jo kappaleen nimestä: She's Not There. Mielikuva kadonneesta naisesta. Kuka hän on ja miksi hän on kadonnut? joku häntä ainakin etsii. Tuntomerkkejäkin jaellaan useaan otteeseen kappaleen kertosäkeessä: Let me tell you about the way she looked...

Niinpä etsinkin kappaleen sanat käsiini selvittääkseni, mistä siinä oikein on kysymys. Ja joo, niin tietysti: Kauniista ja petollisesta naisesta, riidankylväjästä, joka jättää jälkeensä särkyneitä sydämiä ja tulehtuneita ihmissuhteita. Silti häneen peräänsä haikaillaan. Se on kuitenkin myöhäistä, sillä hän on jo mennyt. Lähtenyt, eikä kukaan tunnu tietävän minne. Todennäköisesti etsimään uusia jallitettavia.

En muista koska ensi kertaa kuulin kappaleen. Enkä muista edes sitä kuulinko ensin alkuperäisen Zombiesin version vai sen Santanan (ehkä) kuuluisamman version vuodelta 1977. Se on hieno versio sekin. Joidenkin mielestä jopa paras cover-biisi kautta aikain. Siihen en ota kantaa, mutta hyvä se on. Muuten ei Santana ole minulle koskaan oikein uponnut. Itse pidän aina alkuperäisiä arvossaan. Kovin montaa sellaista cover-biisiä ei ole tehty, mikä hakkaisi alkuperäisen. Kyllä niitäkin on, mutta juuri nyt ei tule mieleen ensimmäistäkään. Ehkä niistä sitten joskus myöhemmin. She's Not Therestäkin on tehty muutamia covereita tuon Santanan lisäksi. Koskaan en kyllä muista niitä kuulleeni.Paitsi yhden: American Idolsissa oli joskus Chris Sligh niminen kaveri. Ja hyvin se veti. Potentiaalia oli kyllä, mutta taisi vaan Chrisin tie Idolsissa päättyä ulkonäkö- ja ylipainoseikkoihin. Niin se vaan valitettavasti usein on kun kansa saa äänestää. Me haluamme idoleiksemme vain kauniita ja hoikkia ihmisiä. Jollain tapaa Chris Slighistä tuli mieleen Meat Loaf silloin parhaina päivinään. Meatillakin oli massaa ja upea ääni.

Oli Zombiesilla muuten toinenkin jättihitti: Time Of The Season. Jos mahdollista, vieläkin komeampi biisi kuin She's Not There. Hieman samanhenkinen, hämyisää tunnelmaa tihkuva ajan henkinen biisi vuodelta 1967. Biisi löytyy unohdetulta klassikkolevyltä Odessey & Oracle. Levyltä, joka on aina ollut kriitikoiden ylistämä, mutta kansan unohtama. Ei ehkä aukea kerralla, mutta sitten kun aukeaa niin...

Siitä sitten myöhemmin ehkä lisää. Tai jos ei siitä, niin sitten jostain muusta. Sen näkee sitten.

Katsastellaan...